Eitraf-e-Augsburg

Eitraf-e-Augsburg

The Augsburg Confession, in Roman Urdu

By Philipp Melanchthon

Translated by Naomi Joseph

© 2025 South Asia Lutheran Mission

Is licenced under CC BY 4.0

Cover Artwork by Nuwan Thenuwara,

"The Presentation of the Augsburg Confession"

Interior and cover design by Ahmed Ali

ISBN: 978-1-960840-43-1

S A L M

SouthAsiaLutheranMission.com

Table of Contents

Eitraf-e-Augsburg

Makhsoos shehzadoun aur sheharoun ki taraf se 1530 kay saal mein eemaan ka iqraar, azeem saamraj Charles V ko jamma karaya gaya tha. Mein baadshahoun ke saamnay teri shahaditoun ka biyaan karounga. Aur sharminda na hounga. Zaboor 119:46.

-Dabeecha-

Shahenshah Charles V ko sab se ziyada nakabil-e- taskheer shahanshah, Qaiser Augustus, sab se ziyada meherban rab. Aap ko shahi azmat ne sultanat ka ek mukami ijlaas Augsburg me talab kiya takay turkoun ke khilaaf ghor kiya ja sakay. Jo moorasee zalim aur maseehiyat ke naam aur mazhab kay qadeem dushman hain. Hum kis tarah unkay mazboot aur mustaid fauji dastoun kay ghussay aur hamloun ko mousar tarikoun se bardasht kar saktay hain. Aap ne humein humaray maseehi eemaan aur muqadas mazhab ke ikhtalaaf-e-raaiy par ghor karnay ke liye talab kiya. Iss tarah, aap sab ki mojoodgee mein, iss mazhab se mutaaliq, sab ki, aaraa aur faisalay sun saktay hain. Aur hum bahami kushada dilli, narmi aur meherbani se mukhtalif dalail par ghor-o-fikr kar saktay hain.

Iss tarah jo bhi tehreeri taur par ghalat bayanaat ya ikhtalaafat hain, har taraf se kharaj kar kay unki islaah ki ja sakti hain. Taakay ye mamalaat tai kiye ja sakein aur phir se ek saada haqiqat aur maseehi muhaida tai paa sakay. Iss tarah mustakbil mein hum sab ek khalis aur haqiqi mazhab ko barqarar kartay huay galay laga sakein, jis tarah ek maseeh ke tahat hum jung lartay hain, takay hum bhi etehad aur itefaq se ek massehi kaleesiya ban kar reh sakein.

Aap ne hum sab ko, zer-e-dastekhat intekhab karnay waloun, shehzadoun aur humaray saath doosray, jaisay intekhab kunundegaan, shehzadoun aur sahib-e-imelaak ko iss ijlaas mein talab kiya hai. Hum fauri tor par Augsburg shahi farmaan ki farmabardari ki taameel mein hazar ho gaiy. Baishak, hum iss baat par fakhar nahi karna chahatay, magar hum pehlay pohanchanay waloun ki fahrist mein aatay hain. Augsburg kay iss ijlaas ke aghaz ke mutabiq aap ki shahi martabay ne intekhaab kunandgaan, shahzadoun aur sahib-e-imlak ko doosaray muamlaat kay saath tajweez kiya tha ke sultanat ke mukhtalaf sahib-e-imalaak ko shahi farmaan kay mutabiq apni aaraa aur faisalay German aur Latini zubaan mein tehreeri shakal mein paish karni chahiye. Phir aanay wallay budh ko hum aapki shahi martaba ko munasib ghor kay baad mazameen-e-iqraar paish kar sakein. Lahiza farmabardaari kay toar se aapki shahi martaba ki khuaahish kay mutabiq, mazhab ke hawalay se, hum apnay aur humaray mubalgheen kay iqraar ko paish kartay hein. Ye dikhaanay kay liye ke woh humaray khitay kay mukhtalif riyaasatoun, sultanatoun aur shehroun mein humaray girja gharoun mein kitaab-e- muqadis mein khalis khudda kay kalaam se taleem dey rahay hain.

Agar aur intekhaab karnay wallay, shahzaday aur riyaasatoun ke sahib-e-jaidad wallay iss shahi hukum par amal karein. Tehreerain iss tarah paish karein, yaani Latini aur German zabaanoun mein, aur unn mazhabi muamlaat kay barray mein apni raai dein. Hum tiyaar hain, shehzadoun aur dostoun kay saath, jin ka pehlay zikar kiya gaya hai. Yahan aap ki shahi azmat kay saamnay, humaray sab se ziyaada meherbaan rab, dostanna tareeqay se har cheez par baat karnay kay liye, hum baaizzat tareeqay say mulaqaat kay liye tayaar hain, takay donnoun fareeq humaray darmiyaan ikhtalafaat ko pur aman tareeqay say, jarihaana jhagharay kay baghair baat cheet kar sakein. Iss tarah khudda ki madad say ikhtalaf khattam ho sakta hai, aur hum ek haqeeqi mustakil mazhib ko barqaraar rakhnay ki taraf laut-tay hain. Sab ki baad, hum sab ek maseeh kay tahat hain, aur uss kay matahat jung karein. Iss liye hum sab ko ek maseeh ka iqraar karna chahiye, aap ki azmat kay farman kay mutabiq, aur sab kuch khudda ki sachai kay mutabiq karna chahiye. Inn sab kay liye, hum khudda se nihayat por josh duwayon kay saath duwa kartay hain.

Tahum, yahan intekhab karnay wallay shehzaday aur sahib-e-jaidad hain jo doosari taraf hain, aur aapki shahi azmat ney daanishmandi say farmaya ke humain mazhabi muamalaat ko bahumi, tehreeri aur pur sakoon mukamilaat say paish karein. Ab agar koi paish raft nahi hoti, aur hum iss kay zaryay koi masbat nateeja hassil nahi kartay. Hum kam-uz-kam aap ko ek wazeh gawahi kay saath chorain gai ke hum apni taraf se maseehi itafaaq paida karnay ki raah mein koi rukawat nahi dal rahay hain. Yeh sirf khudda kay saath ek achay zamir se hee mumkan hai. Agar aap iss muammalay ko ek ghair janabdar samayat dein, tou aapki shahi azmat, aur inn kay saath saath intekhaab karne wallay aur sahib-e-jaidad aur woh sab jo khaloos aur josh say mazhab se piyaar kartay hain, ahtiat se mushahida karein aur humaray eitaraf ko samjhein.

Aapki shahi azmat, sirf ek baar nahi balkay aksar, beshamool 1526 AD mein Spires ki meeting mein bhi, aapki shahi azmat ney hidayaat dekar aur hukum kay zariay intekhaab karne waloun, shehzadoon aur sahibaan-e-jaidad ko khush asloobi se mutlaah kiya aur issay tehreer aur shaaia karnay ka baais banaya. Deen kay iss muaamlay mein aapki shahi azmat baaz wajoohat ki bina par jo aap kay naam par biyaan hui hain, hatmi faisla aur azm karnay par aamaada hain. Balkay aapki azmat tundahi say chahiti thi ke aap ki azmat ka uhda roomi pope kay saath ek general council bulanay kay liye istamaal karein. Unhoun ney issi paighaam ko ek saal pehlay Spires mein honnay wallay akhri ijlaas mein dobaara shaiya kiya tha. Wahan aapki shahi azmat ney Bohemia aur Hungary kay baadshah izzat muaab Ferdinand kay zariyay, humaray dost aur meherbaan aaqa nay neez khateeb aur shahi comissioneroun kay zariyay, deegar cheezoun kay saath elaan kiya ke aapki shaahi azmat nay sultanat mein aapki azmat kay numainday ki qaraardad ko note kiya aur iss par ghor kiya. Aur saddar aur shahi musheeraan kay numainday jo ke Robertson mein bulaai gai, ek council kay bulaanay kay baaray mein aapki shahi azmat nay bhi council ka bulaana munasib samjha. Aur ye ke aapki shahi azmat ko yaqeen tha ke Roman Pope ko iss general Council ke inakaad par aamada kiya ja sakta hai, kyunkay aapki shahi azmat aur Roman Pope kay mabain teh paanay wallay muamalaat, muahaday aur maseehi mufahamut kay qareeb thay. Iss liye aapki shahi azmat nay khud iss baat ki nishaan dahi ki ke aap apni shahi azmat ke saath mil kar iss general council ko bulannay ke liye Chief Pontiff ki raza mandi hasil karnay ki koshish karein gay, jis ki jald-az-jald dawat naamay kay khatoot se tashheer ki jai gi. Iss liye, iss ka natija humaray darmyan

3

mazhabi ikhtalaaf-e-raai bhi ho sakta hai aur doosari taraf dostana taur par khushasloobi se teh paya ja sakta hai. Iss surat mein yahan aapki shahi azmat ki maujoodgi mein hum apni tamaam itaut paish kartay hain, jo hum pehlay bhi kartay aye hain. Aur yeh ke hum sab paish ho kar, ek aam maseehi council kay taur par apnay maqsad ka diffah karein gay. Aapki daur-e-haqoomat may aisee council bulanay kay liye intekhab karney walloun, shehzadoun aur sultanat kay deegar imlaak kay darmiyaan hamesha aapas mein itefaq aur muahida raha hai. Guzashta general council ki assembly say aur iss waqt aapki shahi azmat kay saamnay hum nay iss aham aur sanjeeda muamlay ki babbat tamaam zaroori rasmein aur qanooni tareekekaar kay zariye khud hi tuwajeh di hai aur appeal ki hai. Hum ab bhi aapki shahi azmat aur council, donoun say appeal kartay hain. Jab tak ke humaray aur doosaray fareeq kay darmiyan ikhtalaaf, khushasloobi aur khairati taur par tai na ho jaien, hum na hi iss dastaweez ya kissi aur zaryay iss appeal ko tark karnay ka irada kar saktay hain. Aur na hi humara aissa koi irada hai. Iss liye taaza tareen saamraji sultanat ki mudat kay mutabiq dur karke maseehi itefaaq mein laaya gaya hai. Iss ki hum yahan sanjeedgi aur awaami satah par gawahi daitay hain.

Eemaan kay Ahum Mazameen

Mazmoon I
Khudda par Eemaan

Humaray church mutafaqa taur par yeh taleem daitay hain kay Nice kay jamait kay farmaan-e- illahi jauhar ki wahdat aur taslees-e-haqeeqee kay baaray mein zaroor hai kay baghair shoba kay eeman rakhein. Iss ka matalab hai ke sirf khudda hai jo wahid mutabarak jauhar hai: abadi, bila baddan, bila hissay, la mahdood taqat, hikmat aur naiki, har cheez ka khaliq aur dekhi aur undekhi ka muhafiz hai. Iss kay ilawa uss mein teen surat abadi baap, beta aur rooh-ul-quds hain jo ussi jauhar aur taqat kay malik hain. Yeh teen roop ka matlab jo humaray padri istemal kartay hain yeh nahi ke koi hissa hain balkay miyad khud qaim rehta hai. Hum unn tamaam bidittoun ki muzamat kartay hain jo iss mazmoon kay khilaaf ubhri hain. Jaisa kay Manichaeans, jo do asool par mubna hain, ek achai aur doosari burrai. Is kay illawa hum unn jaisay doosaray: Mohammadi, Eunomians, Arians aur Valentinians ki muzamat kartay hain. Iss kay saath saath hum puranay aur naiy Samosatenes ki bhi muzamat kartay hain jo yeh bahas kartay hain ke khudda sirf ek wahid rukan hai aur yeh woh latafat aur bezameeri se taleem daitay hain ke kalaam aur paak ruh illahida nahi hain balkay 'kalaam' bolay huay ilfaz aur 'Paak rooh' harqat ki elamat hai.

Mazmoon II
Asali Gunnah par Eemaan

Hum yeh bhi taleem daitay hain ke jab se Adam ka zawaal hua aur sab insaani qudrati taur se gunnah mein paida hottay hain. Iss liye ke woh khudda kay khauf kay beghair aur yakeen kay beghair aur laghzish kay saath paida hotay hain. Aur hum yeh taleem daitay hain ke yeh bimari aur asal kay naib haqeeqi gunnah hai, jo ab tak humein mujaram tehrahata hai aur unn tamaam per abidi maut ki saaza sunata hai jo baptisma aur paak ruh se naya janum nahi laitay.

Hum muzamat kartay hain Pelagians aur unn jaisay doosaroun ki jo iss baat se inkaar kartay hain ke asal badkari gunnah hai aur yeh maseeh ki khoobi aur fawaid ko, kay jalal ko dhundla daita hai. Woh yeh bahas iss liye kartay hain taakay khudda ke saamnay apni taqat aur akal se raastbaaz ther sakein.

Mazmoon III
Khudda kay batay per Eemaan

Hum yeh bhi taleem daitay hain kay, khudda ka baita, muqadas Maryam kay raham mein insaani shakal mein illahi aur insaani fitrat ke saath zahir hua, jo haqeeqi khudda baap, haqeeqi maseeh aur haqeeqi insaan lazim-o-malzoom ek mein shamil ho gai. Kunwari Maryam se paida hua.Uss ne haqeeqat mein dukh saha, masloob hua, mar gaya aur dafan hua taakay humari baap se rassai ho sakay, aur insaan na sirf asal gunnah balkay uskay tammaam haqeeqi gunnahoun kay liye qurban ho gaya. Woh pataal mein utra aur teesray din haqeeqat mein jee uthaa aur phir aasmaan par charh gaya takkay baap kay dahenay haath par baith kar humesha ki badshahi karray aur woh tammaam makhlooqaat par ghalib hai aur jo uss par eemaan rakhtay hain un kay dillon mein roh-ul-quds bhej kar muqadas karta hai, taakay unn par raaj kar ke aaram de aur wapis zindagi de kar unko gunnah ki taqat aur shetaan kay khilaaf unnka diffah karray.

Wohi maseeh zahiri taur par wapis aiga taakay zindoun aur murdoun ka faisla rasooloon kay aqeeda kay matabiq aur insaaf karray.

Mazmoon IV
Jawaz par Eemaan

Hum yeh bhi taleem daitay hain kay insaan khudda kay saamnay raastbaaz nahi hai. Na apni taqat, khoobiyoun aur kamoun ki bunyaad par lekin maseeh ki khatar azaadana taur par apnay eemaan kay waseelay ke woh yaqeen rakhtay hain ke unn par meherbani hui aur ye ke unkay gunnah maseeh ki khatir mauf kiyay gai jis ne mar kar humaray gunnahoun ka kufara diya. Khudda iss aqeeda ko sadiq karaar daita hai aur uski nazar mein phir insaan raastbaaz tehrta hai. Romans ka teesra aur chotha baab.

Mazmoon V
Khidmat par Eemaan

Anjeeli taleem ki khidmat aur sacrament ki bunyaad iss liye muqarar kiye gai taakay hum eemaan hasil karein. Kyunkay kalaam aur sacrament unkay liye ek allekaar hain jo anjeel ko suntay hain woh aur paak ruh hasil kartay hain, yeh khudda ko pasand hai. Yeh unkay liye khabbar hai ke khudda humari khoobiyoun ki wajah se nahi balkay maseeh ki khatir apnay fazal se raastbaazi atta karta hai.

Hum muzamat kartay hain Anabaptists aur aisay doosray jo yeh samajhtay hain kay paak ruh beghair berooni kalaam se nahi balkay unn kay apnay kamoun aur kabiliyat ki waja se insaan hasil kar saktay hain.

Mazmoon VI
Nai Attait par Eemaan

Hum eemaan ki paabandi ki bhi taleem daitay hain. Jo ehkaam khudda kay achay kamoun kay achay phal laanay kay liye na sirf zaroori hain balkay khudda ki marzi kay mutabik bhi hai. Balkay hum yeh bhi sikhatay hain ke apnay kamoun par bharosa kar ke khudda kay saamnay khud ko raastbaaz na samjhein. Kyunkay sirf eemaan hi say gunnahoun ki muafi aur raastbaazi mumkin hain. Yeh maseeh kay ilfaz mein iss tarah tasdeek karta hai. Luke 17:10 Issi tarah tum bhi jab unn sab batoun ki jin ka tumhein hukum hua tameel kar chuko tou kaho ke hum nikumay naukar hain. Jo hum par karna farz tha wohi kiya hai.

Padri sahibaan bhi yehi taleem daitay hain. Ambrose kehta hai ke khudawand ne muqarar kiya ke jo maseeh par eemaan rakhta hai wohi najaat paata hai aur apnay gunnahoun ki muft muafi hasil karta hai, na kaam se aur na hee sirf eemaan se.

Mazmoon VII
Church par Eemaan

Hum iss baat ki bhi taleem daitay hain kay paak girjay humesha kay liye hain. Girjah, rasooloun ki jamaa'it hai, jahan injeel ko sahih se sikhaya jaata hai aur sacrament ka intezaam anthehai munasib tareekay se kiya jataa hai. Aur hum yahan ye bhi sikhaatay hain ke paak girjah humesha barqarar rahay ga. Ye injeel aur sacrament ke intezaam par bohat mutafik hai. Zaroori nahi ke logoun ki rawayaat ya rasoomaat-o-taqreebaat har jiggah yaksaan houn. Jaisay Poloos farmata hai, Iffsiyon 4:5-6

"Ek hee khudawand hai. Ek hee eemaan. EK hee baptisma: Aur sab ka khudda aur baap ek hee hai. Jo sab kay ooper aur sab kay darmiyaan aur sab kay andar hai."

Mazmoon VIII
Church kya hai?

Agarchay girja kamil taur par muqadosoun aur haqeeqi eemaandaroun ki kalisiya hai, iskay bawajood iss zindagi mein bohut se munafiq our sharariti log inn kay darmiyaan makhloot ho jatay hain. Maseeh kehta hai ke sacrament badkar kay liye bhi rawa hai. Matti 23:2

"Faqih aur faressi moosa ki gaddi par baithay hain." Sacrament aur kalaam dono idara aur maseeh kay ahkamaat ki waja se badkaar logoun ke liye bhi moisur hota hai.

Hum Donatists aur unki tarah kay doosaray ki muzamat kartay hain jo ye khayaal rakhtay hain ke girjah kay badkaroun ki khidmat ghair munafa baksh ya assar kay beghair nahi hoti.

Mazmoon IX
Baptisma par Eemaan

Hum ye taleem daitay hain ke baptisma najaat kay liye zaroori hai. Aur ye ke baptisma kay zaryay khudda ka fazal zahir hota hai. Hum ye bhi taleem daitay hain ke bachay jab baptisma ke liye lai jatay hain tou woh khudda kay fazal mein dakhil hottay hain.

Hum Anabaptists ki muzamat kartay hain jo baptisma ko ye keh kar ke musturad kartay hain ke bachay baptisma ke beghair najaat paatay hain.

Mazmoon X
Eshaa-e-Rabbani par Eemaan

Eshaa-e-Rabbani par hum ye taleem daitay hain ke jab Eshaa-e-Rabbani taqseem ki jaati hai tou maseeh ka badan aur khoon haqeeqat mein mojood hota hai. Aur hum jo iss ke elawa taleem daitay hain, unhein musturad kartay hain.

Mazmoon XI
Iqraar par Eemaan

Iqraar par hum ye taleem daitay hain ke nijji muafi girjon mein jaari rehni chahiye. Agarchay, tumaam gunnahoun ki tafseel ke liye, iqraar zaroori nahi. Zaboor 19:12 kay matabiq namumkin hai ke "Kon apni bhool chook ko jaan sakta hai?"

Mazmoon XII
Tauba par Eemaan

Tauba kay baray mein hum ye taleem daitay hain ke gunnahoun ki muafi unkay liye hai jo baptisma kay baad tabdeel honnay kay baad gir parray hain. Inn haalaat mein girja, jo tauba karnay kay liye laut-tay hain khalasee diya karay.

Ab tauba ki, munasib taur per, do hissay hain:

Pehla nidamat ya pashemani, ye zameer ko kochalnay wali dehshat hai jo gunnah se aagaahi se hoti hai. Aur doosra eemaan, jo injeel se paida hota hai ya muafi se. Eemaan woh yakeen hai ke, maseeh ki khatir, gunnah muaf kiye jaatay hain aur woh zameer ko tasalee bakshta hai aur tamaam dehshat se najaat milti hai. Phir tauba kay phal yanni achay aamaal pairvi karnay kay paband ho jaatay hain.

Hum Anabaptists ki muzamat kartay hain, jo kehtay hain ke, jo ek bar rastbaaz hoa woh paak rooh ko kabhi kho nahi sakta.

Hum unn ki bhi muzamat kartay hain jo ye bahas kartay hain ke kuch insaan apni zindagi mein aisa kamaal hasil kar laitay hain ke woh phir kabhi gunnah nahi kar saktay.

Hum Novatians ki bhi muzamat kartay hain jo baptisma kay baad kiye gai gunnahoun ko muaf nahi kartay halaankay woh pushamani kay saath wapis aatay hain. Hum unko bhi musturad kartay hain jo gunnahoun ki muafi eemaan se milti hai ki taleem nahi daitay balkay ye hukum daitay hain ke hum ye fazal, itmanaan apni zaati liaquat se hasil kar saktay hain.

Mazmoon XIII
Sacrament kay istamaal par Eemaan

Sacrament kay istamaal par hum ye taleem daitay hain ke sacrament sirf iss liye nahi qaim kiye gai ke admiyoun kay darmiyaan paishay ka nishaan ho balkay khudda ki marzi humari taraf hai ka nishaan aur gawahi ho. Khudda ne sacrament iss liye qaim kiye takkay jo unhein istamaal karray unn mein eemaan bedaar ho aur uski tasdeeq ho. Issi wajah se humein sacrament iss tarah istamaal karnay chahiye ke eemaan uss mein shamil ho, unn wadoun ka yakeen ho jin ki paishkash sacrament kay zariye aagay muqarar huay hain. Iss liye hum un ki muzamat kartay hain jo sacrament ko zahiri amal se adda karnay ki taeed kartay hain. Unn ki bhi jo uski taleem nahi daitay kay sacrament kay liye eemaan zaroori hai taakay yakeen ho ke gunnah muaf ho chukay hain.

Mazmoon XIV
Kalissiyai tarteeb par Eemaan

Kalissiyai tarteeb kay baray mein humari ye taleem hai ke koi bhi baaqaida bulahat kay beghair na girjay mein taleem de na sacrament ka bandobast karray.

Mazmoon XV
Kalissiyai rasoomaat par Eemaan

Girja ghar ki rasoomaat kay barray mein humari ye taleem hai ke unn par tawajah karein jo gunnah kay beghair, aur girja kay liye munafa baksh sakoon aur achay intezaam kar saktay hain. Jaisay khaas paak aiyaam, taqreebaat aur iss tarah ke aur tehwar.

Tahim, iss barray mein, humari tamaam logoun kay liye ye nasihat hai ke woh ye sab iss khayaal se na karein ke najaat hasil karnay ke liye ye sab karna zaroori hai.

Humari naseehat ye bhi hai ke jo insaani rawayaat khudda ki taskeen, fazal aur gunnahoun ki khatir qaim ki gaeen hain, woh sab injeel aur eemaan kay nazriyay kay mukhalaf hain. Issi wajah se gunnahoun ki khatir aur zati najat ke barray mein jo munnatein aur rawayaat, gosht aur dinoun kay liye qaim ki gaeen hain woh sab beqaida aur injeel kay burkhilaaf hain.

Mazmoon XVI
Awami Amoor par Eemaan

Awami amoor kay barray mein humari ye taleem hai ke muasharti qanooni sharah khudda kay bhalai kay kaam hain. Maseehiyoun ko ijazzat hai ke woh awami daftar rakhein, adalat kay qazi houn aur saamraaj kay adalati muamalaat aur mojuda qawaneen ko dekhein, baja taur par saza sunayein aur mulkoun ke darmiyaan jungoun mein mulaviss houn, fauji ban kar, qanooni muhaday bana kar, sahib-e-jaidad ban kar, hakim-e-faujdari kay saamnay halaf uthaein, shaadi karein aur/ya shaadi kay liye paish hoon.

Hum muzamat kartay hain Anabaptists ki soch par jo maseehiyoun ko awami dafatar kay liye mannah kartay hain. Hum muzamat kartay hain unn sab ki jo injeeli bashaarat kay kamal ko khudawand kay khauf aur eemaan mein woh darja nahi daitay aur awami dafatar tark kartay hain. Injeel se humein dili daimi raastbaazi ka dars milta hai. Iss doraan, injeel, riyasat ya khandaan ko tabaah nahi karna chahiti, balkay khudda kay ahkamaat ko barqarar rakhnay ka mutalba karti hai aur kairat ki aadat ko sharah kay tahat qaim rakhnay ka takaza karti hai. Iss liye maseehi ko chahiye ke woh apnay hukaam aur qanoon ki paabandi se attaait guzaar rahein. Illawa iss kay ke woh unhein gunnah karnay ka hukum dein. Kyunkay iss amar mein unko khudda ka hukum manna ziyada lazim hai na ka insaan ka. Aamaal 5:29

Mazmoon XVII
Qayamat ke waqt maseeh ki amad par Eemaan

Hum iss baat ki bi taleem daitay hain ke duniya ki akharat kay waqt maseeh adalat karnay kay liye runumah hoga aur tamaam murdoun ko zinda karega. Woh deendaar aur apnay chunnay huayon ko abdi zindagi aur lazawaal khushi bakshay ga, magar bedeen aur shaitaanoon ko mujrum tehrai ga aur unko musalsal azaab mein mubtala karay ga.

Hum Anabaptists ki muzamat kartay hain, jo samajhtay hain ke inn mujrum insaanoun aur shaitanoun ki saza ek waqt ke baad khattam ho jai gi. Hum aisay doosroun ki bhi muzamat kartay hain jo ye yahoodi khayalaat ko phalaa rahay hain ke murdoun ki qayamat se pehlay deendar duniya ki baadshahi par qabza kar lein gay aur har jagah bedeeno par qabiz houn gay.

Mazmoon XVIII
Azaad marzi par Eemaan

Azaad marzi kay barray mein humari ye taleem hai ke admi ko ek had tak azaadi hai ke woh apni marzi se shehri rastbaazi ikhtiyar karray, aur uski waja se ussay taabeh reh kar kaam karnay partay hain. Magar admi ki marzi ka koi ikhtiyar paak rooh kay beghair nahi hai, na hee woh khudda ki raastbaazi kay kaam yani ruhani raastbaazi kay kaam kar sakta hai. Yeh iss liye ke 1 Corrinthiyon 2:14 mein likha hai: "magar nafsani admi khudda kay rooh ki batein qabool nahi karta kyunkay woh uss kay nazdeek bewakoofi ki batein hain aur na woh unhein samajh sakta hai kyunkay woh ruhani taur par parkhi jati hain."

Ruhani raastbaazi dil mein uss waqt paida hoti hai jab paak rooh ko kalaam se qabool kiya jata hai.

Augustine inn cheezon ke barray mein apni kitaab Hypognostican Book III mein bohut kuch kehta hai. "Hum qabool kartay hain ke admi ko azaadana marzi ka haq hai. Woh jab tak azaad hai jab tak ussay kisi wajah se faisala karna ho. Woh iss kabil nahi hai ke khudda se mutaliq cheezon ko khudda kay beghair kar sakay ya mukamal kar sakay. Sewaiy apni zindagi kay kamoun se chahay woh acha ho ya burra. Mein 'acha' unn kamoun ko kehta houn jo achi khaslat ki waja se kiye gaiy, jaisay, apni marzi se khaith mein mazdoori karnay se, khannay peenay, dost rakhnay se, khud ko libaas se mulabis karnay se, apna ghar qaim karnay se, shaadi karnay se, mowaishi palnay se, mukhtalif mufeed maharat seekhnay se ya jo bhi iss zindagi kay liye acha ho. Ye sab cheezain khudda ki qudrat par inhisar kiye beghair nahi hain. Bayshak, iss kay zariye woh hain aur unn ka wajood uss mein mumkin hai. Mein unn sab ko 'badi' kay kaam kahoon ga, jaissay but parasti, qatal wagaira."

Hum Pelagians aur iss tarah kay doosaray logon ki muzamat kartay hain jo ye sikhatay hain ke paak rooh kay beghair aur apni qudrati takat aur zor se hum tanha khudda se mohabat rakh saktay hain. Iss kay elawa khudda kay ehkamaat, dil par asar karnay wala aur "amal karnay ka ma'ada hai." Zahiri kaam insaan apni qudrat se kar sakta hai. (Apni marzi se woh qatal, chori se apnay hathoun ko baaz rakh sakta hai.) Iss kay elawaa woh apni batini harkaat nahi paida kar sakta, jaissay khof-e-khudda, khudda par bharosa, sabar aur pakeezgi waghira.

Mazmoon XIX
Gunnah ka sabub par Eemaan

Gunnah ka sabub kay barray mein humari ye taleem hai ke khudda qudrat ko takhleeq karta hai aur usko mahfooz rakhta hai. Gunnah ka sabub beher surat, shareeroun ki marzi yani shararti aur bedeen admi hain. Iss liye, woh khudda se dur ho gaye kyunkay woh khudda kay beghair hain. Maseeh kehta hai, Yohana 8:44, "Jab woh jhoot bolta hai tou apni see kehta hai kyunkay woh jhoota hai balkay jhoot ka baap hai."

Mazmoon XX
Achay Aamaal par Eemaan

Humaray asataza par achay kamoun se mana karnay ka ilzaam hai. Iss baat kay gawah unn ki shaya shuda tahreerein hain jo das ahkamaat, ya iss tarah kay mozua'at hain. Iss se ye pata chalta hai kay unhoon ne tamaam imlak aur duniya kay faraiz, imlak ki zindagi aur kaam jo khudda ko khush karnay kay liye zaroori hain, uski achay se taleem daitay hain. Iss se pehlay mubalgheen ne shaid hee unn se mutalik taleem dee ho, aur iss kay baraks unhoun ne bach gana aur bemaksad kamoun ki taleem, jaissay kay muqadas din, rozay, bhai charray, ziyaratein, rasooloun kay aizaz mein khidmatein, tasbeeh, gosha nashini. Uss wagt se humaray mukhalafeen ne inn cheezon kay barray mein hidayat dena shuru kiya hai ke ye kaam karnay se mana kar rahay hain. Iss kay bajai ghair munafa baksh kamoun ki taleem pehlay ki tarah nahi dey rahay hain. Iss kay elawa, unhoun ne eemaan ka zikir shuru kar diya hai, jis kay barray mein woh heraan kun tareekay se khamosh thay. Humaray mukhlafeen ab ye sikhatay hain ke raastbaazi sirf amaal se hasil nahi ho sakti balkay donoun milkar yani eemaan aur amaal se. Ye nazariya sabika nazariye se ziyada qabil-e-bardasht hai aur ziyada itmanaan atta karta hai.

Iss wajah se, eemaan ka nazariya, jo girjay ka awaleen nazariya hona chahiye tha, bohut mudat tak namaloom raha. Aur sab ne tasleem kiya hai ke khutbaat mein eemaan ki raastbaazi kay barray mein gehri khamoshi rahi, jab kay nazariya kay kamoun ko ehmiyat dee gai. Humaray asataza girjoun mein eemaan kay barray mein ye taleem daitay hain:

Awal ye ke khudda se masalehat ki bunyad aur gunnahoun ki maufi fazal aur raastbaazi hai. Balkay, hum iss ko sirf eemaan se tab hasil kar saktay hain, jab hum ye yakeen karein ke ye ehsaan hum par maseeh ki khatir kiya gaya hai. 1 Timotheus 2:5 "Kyunkay khudda ek hai aur khudda aur insaan kay beech mein darmiyani bhi ek yani maseeh yessu jo insaan hai." Maseeh humara wahid salis aur kufara hai. Iss liye agar koi ye samajhta hai ke woh apnay amaal ki wajah se fazal kama sakta hai tou woh maseeh kay fazal ki touheen karta hai kyunkay woh khudda ki talaash maseeh kay beghair talaash karta hai aur insaani takat ko iss ki bunyaad samajhta hai. Halaan kay maseeh ne apnay barray mein youn kaha hai: Yohuna 14:6, "Raah, haq aur zindagi mein houn."

Poloos ne eemaan kay barray iss nazariya ko har jaggah paish kiya hai. Efsiyoun 2:8, "Kyunkay tum ko eemaan kay waseelay se fazal hee say najaat milli hai aur ye tumhari taraf se nahi, khudda ki bakhsish hai." Wagera

Aur koi bhi chalaaki se ye na keh sakay ke hum ye nai tashreeh poloos se laikar aye hain. Iss sarray muamalay ki himayat mein padriyoun ki shahaditein hain jo iss ki ta'eed kartay hain. Augustine ne bohat sari jildein fazal kay diffah aur fazal ki raastbaazi kay barray mein tehreer ki hain jo amaal ki bunyad kay khilaaf hai. Aur Ambrose ne apni kitab De Vocatione Gentium aur doosri kutib mein yehi baat sikhata hai. Uski apni kitab De Vocatione Gentium mein woh youn tehreer karta hai: "Maseeh kay khoon se chutkaray ki koi qadar na rahay gee na hee khudda ki rehmat ko insaani amaal mansookh. Iss ka jawaz goya yon hoga jaissay mazdoori ka silla hai na ke fazal kay zariye milta hai jo ke muft tuhfa hai."

Agarchay jahil log iss nazariye ko hakeer samajhtay hain, uskay bawajood khauf-e-khudda raknay wallay aur fikermand zameer rakhnay wallay apnay tajurbay se jaantay hain ke ye sab se bari tasalee laata hai. Aur ye isliye ke zameer kabhi bhi kisi kaam ki waja se sakoon mehsoos nahi karta balkay sirf eemaan se, jabkay unka pukhta yakeen hai ke maseeh kay waseelay se khudda se masalahat mumkin hai. Jaisa kay Poloos sikhaata hai: Romiyoun 5:1 "Pas jab hum raastbaaz tehray tou khudda kay saath apnay khudawand yessu maseeh kay waseelay se sullaah rakhein."

Ye pooray nazriya ka tanaza khaufzada zameer kay irdgird ghoomta hai; aur issi tanaza kay beghair ye samjha bhi nahi ja sakta. Issi liye natajarbakaar aur duniyawi zahin wallay log bhatak jatay hain.

Kyunkay ye tasawar kartay hain kay maseehi rasstbaazi bhi aam philsophiana raastbaazi donoun ek hee hain.

Pehlay zameer, jab tak unhoun ne injeel ki tasali kay barray mein nasuna tha, kamoun kay nazriya se do chaar thay. Kuch logoun kay zameer, unko sehra aur khankahoun mein le gaiy jehan woh iss umeed se gaiy ke iss tarz-e-zindagi se unhein fazal hasil ho jaiga. Kuch log aur tarah ke kamoun se fazal hasil kamay ki koshish kartay rahay ke gunnahoun ki taskeen paalein gai. Iss liye iss bahas ki ashad zaroorat hai taakay maseeh mein eeman kay nazariya ki tajdeed ki jai, taakay pareshaan zameer tasalee paye beghair na jain balkay achi tarah ye jaan lein ke woh gunnahoun ki muafi, fazal aur raastbaazi sab eemaan se hasil kar saktay hain.

Yahaan humein iss baat se muhtaat honnay ki zaroorat hai ke "Eemaan" se murad sirf waqiaat ka ilm nahin hai. Masalan shararti log aur shaitan ka eemaan. Balkay eemaan ye zahir karta hai ke sirf tareekh par yakeen mat karo balkay uskay nataij, yani ye mazmoon: gunnahoun ki muafi, jaissay hum keh saktay hain fazal, raastbaazi aur gunnahoun ki muafi maseeh kay zariye. Jo bhi ye jaanta hai ke uskay pas baap hai, jo maseeh ki khatir uss par meherban hai. Haqeeqat mein khudda ko jaanta hai. Ussay maloom hai kay khudda uski parwah karta hai aur wo khudda ko issi liye pokarta hai. Mukhtasar ye ke jaisay ghair akwaam khudda kay beghair hain, bedeen aur badroohoun ko iss mazmoon par yakeen nahi hai: Gunnahoun ki muafi. Issi waja se woh khudda se nafrat kartay hain aur uss se kuch achay ki tawuko nahi rakhtay. Augustine apnay qaireen ko "eemaan" kay barray mein khabbardaar karta aur sikhaata hai ke ilfaaz "eeman" kalaam mein qism ka ilm nahi hai jo bedeen kay pas hai. Balkay khaufzada zahen ko hosla aur taskeen denay kay liye hai.

Mazeed hum ye taleem daitay hain ke achay kaam iss liye zaroori nahi ke fazal hasil karein balkay isliye ke khudda ki marzi issi mein hai. Eemaan rakhnay se koi bhi apnay gunnahoun ki muafi hasil kar sakta hai, aur ye muft hai. Aur choonkay paak rooh eemaan kay zariye milti hai issliye dilloun ki tajdeed hoti hai aur nai piyaar se nawazay jatay hain, jis ka nateeja apnay aap achay kamoun se hota hai. Kyunkay

27

Ambrose kehta hai: "Eemaan naikneeti aur sahi amal ki maa hai." Paak rooh kay beghair insaani qo'ut, napaak khuwahishaat se bharpoor, aur jo khudda ki nazar mein bhallay kaam houn, uss kay liye bohat kamzor ho jata hai. Iss kay ilawa woh shaitaan kay qabzay mein hota hai, jo unn admion ko mukhtalif qism kay gunnahoun, bedeen khayalaat aur bebaak jaraim par uksaata hai. Hum unn philsophiyon ki zindagion mein ye baat daikhtein hain, jo apni zindagi raastbaazi se guzarna chahitay hain. Magar woh aissa karnay mein kaamyaab honay se kasir hottay hain aur khud ko napaak kar kay bebaak jaraim sarzad kar laitay hain. Yehi insaani kamzoori hai jab woh eemaan kay beghair aur paak rooh kay beghair khud apni insaani takat se khud par hakoomat karna chahta hai.

Iss se koi bhi ye dekh sakta hai ke humara nazriya achay kaam karnay se rokanay ka qasoorwaar nahi hai, balkay kabil-e- tareef hai kyunkay ye batata hai ke kis tarah insaani fitrat achay kaam karnay ke laik hai. Issi liye, beghair eemaan kay insaani fitrat se namumkin hai ke woh pehla aur doosra hokum baja lannay kay achay kaam kar sakay. Eemaan kay beghair insaani fitrat khudda ko nahi pukaar sakti aur na hee khudda se kisi cheez ki tuwuko kar sakti hai, aur na hee bardasht kar sakti hai balkay woh insaan par bharosa aur uski maddad ki talaash mein rehti hai.

Jahan eemaan na ho aur khudda par bharosa na ho, wahan har kism ki hawas aur insaani khayalaat dil par hawi rehtay hain. Iss liye maseeh kehta hai: Yuhuna 15:5, "Kyunkay mujh se juda ho kar tum kuch nahi kar saktay."

Aur girja sitaiysh karta hai.

Aap kay elahi fazal ki kami se

Insaan mein kuch bhi nahi paya jata

Uss mein koi bhi cheez bezarar nahi.

Mazmoom XXI
Aulia ki ibadat par Eemaan

Aulia ki ibadat par eemaan ki hum ye taleem daitay hain ke hum apni bulahat kay mutabiq unkay eemaan aur naik kamoun ko yaad rakhien. Misaal ke taur par shahenshah ne Daud ki taqleed mein turkoun ko apnay mulk se bhaganay par majboor kiya. Halankay dono baadshah hain. Kalaam, beherkaif, ye nahi sikhata ke nabiyon ko pukarein ya unn se madad mangein. Balkay woh humaray samnay maseeh jo humara salsi, kufara, aalla kahen aur shifa'yat karnay walla hai. Humein uss se du'aa mangini chahiye. Uska waada hai ke woh humari du'aa ko sunnay ga, aur woh humari ibadat ko manzoor karray ga aur inn sab se bark kar khaskar jab hum apni kisi taqleef kay waqt usko pukaartay hain.

1 Yohuna 2:1: "Agar koi gunnah karray too baap kay paas humara madadgaar moujoud hai."

Ye sab humaray nazariyaat kay barray mein hai, jis mein koi bhi dekh sakta hai ke, iss mein kuch bhi paak kalaam se muktalif nahi ya kul kalisiya ya Roman Church kay mutabik nahi hai. Iss muamala mein jo humaray asataza ko biditti kehnay per israr kartay hain woh unka ghalat faisla hai. Tahum yahan par hamesha baaz ziyadatiyon par ikhtalaf baqi hai jo church mein beghair kisi munasib ikhtiyar ke dakhil ho gai hain. Yahan tak ke inn haalaat mein, agar koi ikhtalaaf-e-rai hai bhi tou bishipoun ko munasib andaaz se narmi aur bardasht karni chahiye. Kum uz kam iqrar naamay ki khatir jiska hum jaiza lay rahay hain. Akhir mein maseehi qanoon aisay bhi sakht nahi ke har jagah ek hee dastoor ka motalaba karay, waisay bhi har church kay apnay taur tareeqay hotay hain. Humara, bari ehtiyat se ye moshaida raha hai ke bohat saari qadeem rasoomaat ko khattam kar diya gaya hai. Humarray churchoun ne tamaam rasoomaat ko turq kar diya hai, ye ek ilzaam hai. Aur ye ke tamaam purani rasmein jo bohat pehlay se thein jhooti aur badniyati par mubna hain. Balkay humain ye shikayat hai ke kuch ziyaditiyan aam rasmoun se munsalak hain. Inn ziyaditiyoon ko ek hud tak islaah ki zaroorat hai, aur ye dekhtay huay hum achi niyyat se, inn ki manzoori nahi de saktay.

Woh mazameen jinka jaiza laingy ke badd ziyaditiyoon ko dorast kiya gaya

Humaray church, Catholic church ke eemaan ke mouzu par ikhtalaaf nahi kartay balkay hum kuch ziyaditiyoun ko jo nai hain khaarij kartay hain, jo ghaliti se zamanay ki badunwani kee wajah se qabool ho gain, ye maseehi sharah ke bohat khilaaf hai. Iss muamlay mein iss liye hum ye du'aa kartay hain ke aapki shahi azmat meherbani farma kar donoun ko sunein ke hum ne kya tabdeel kiya hai, aur kya wajah hai ke hum ne logoun ko zameer kay khilaaf ziyaditiyan ka idrak karnay par majboor nahi kiya hai.

Aapki shahi azmat ko unka yakeen nahi karna chahiye jo humaray khilaf ajeeb bohtaan phelaa rahay hain taakay logoun ko hum se nafrat kamay ki huva dein. Iss tarah woh achay logoun kay zahin ko pareshaan kartay hain aur iss barray tanao ki wajah se ikhtalafaat ko barha rahay hain. Aapki shahi azmat bila shuba ye daryaft karay gi ke humaray nazariye ki poori shakil aur amal itnay naqabil-e-bardasht nahi hain jaisay ye baydeen aur budniyat log dawaidaar hain. Iskay ilawa aap aam afwahon aur dushman ki badzubani se haqeeqat maloom nahi kar saktay. Magar koi bhi aasaani se ye insaaf kar sakta hai ke agar rasmein sahih tareeqay se adda ki jaeen tou ye waqaar ko burqarar rakhtay huay tazeem aur taqwa ke saath khudda parast log ibadat kar saktay hain.

Mazmoon XXII
Donoun kism ke sacrament par Eemaan

Ishaa-e-Rabbani ke do unasir duniya daar logoun ko diye gai. Takay khudawand kay iss hukum ki adaigi ho. Matti: 26:27, "Sab iss mein se piyo." Yahan maseeh piyallay ke baray mein saaf hukum farmatay hain kay sab ko peena hai. Iss silsilay mein kisi ne chalaki se kaha ke ye hawala sirf khadmaan kay liye hai. Poloos 1 Corrinthion 11:27 mein ek misaal daita hai, jis se ye zahir hota hai ke tamaam imaandaar aur duniya daar kalisiya iss mein shamil houn, aur ye reet bohat mudat tak churchoun mein chalti rahi. Kissi ko maloom nahi ke kab aur kis ke iqtadaar mein tabdeel hua. Agarchay Cardinal Nicholas ne iss ka tazkara kiya hai ke ye kab manzoor hua. Cyprian kuch jugghoun par gawahi daita hai ke khoon logoun ko diya jai. Jerome bhi iski gawahi mein kehta hai, "Padri logoun mein Ishaa-e-Rabbani takseem karnay kay liye intezam karay." Pope Gelasius bhi hukum sadar farmatay hain ke yaqinun sacrament ko elahida na kiya jai. (dist.11. De Conserratione, cap. Comperimus). Sirif haalia dooraan mein aisa nahi hua, zahir hai. Beher haal, humein aisay kissi rawaaj se, khudda kay ehkaamaat kay khilaaf, ka tuaruf nahi karna chahiye. Jaisa ke maseehi sharah ki gawahi, (aur uskay baad ke mazmoon jaisay Dist. 111. cap Veritate) Magar ye rawaaj hum tak sirif kalaam ke khilaf hee nahi balkay qadeem maseehi sharah aur church ke andar pohuncha (namoonay ki tarah) hai. Iss liye, agar koi donoun kism kay sacrament ko tarjeeh daita hai, unhain kuch aur karnay par majboor na kiya jai ke woh apnay zameer kay mujrum therein. Kyunkay maseeh ka hukum hai ke sacrament ko juda na kiya jai, kyunkay hum pehlay ki tarah majlis chornay kay aadi ho chukkay hain.

Mazmoon XXIII
Khadmaan ki shaadi per Eemaan

Iss baat ki barha shikayat ki gai hai ke humaray padri pakeeza nahi hain. Issi waja se, Pope Pius ne padriyoun ki shaadi khattam karnay ki manzoori di, iskay ilawa aur bhi bhari bhar kam wajoohaat thein. (Iss liye Bartolomeo Platina likhtay hain) Us waqt se padri aisi khuli badnami se ijtanaab karna chahitay hain. Iss liye woh shaadi kartay hain aur sikhatay hain ke qanooni taur se azdawaji muahida jaiz hai. Awallan, kyunkay Poloos kehta hai, 1 Corrinthiyoun 7:2,9, "Lekin haraam kaari ke andeshay se har mard apni biwi rakhay, 'iskay ilawa' kyunkay biyah karna mast honay se behtar hai." Doom, maseeh Matti 19:11 mein kehta hai, "sab iss baat ko qabool nahi kar saktay." Jahan woh sikhaata hai ke tamaam log tanha rehnay ke liye munasib nahi hain. Tahum, Paidaish 1:28 kay mutabik khudda ne insaan ko barhnay phalnay kay liye takhleeq kiya. Na hee insaan kay paas aisi koi taqat hai ke woh khudda ke kaam aur uss tuhfay se uss ki makhlook mein koi tabdeeli kar sakay. Kyunkay ye iyaan hai aur bohatoun ne iss baat ko tasleem kiya hai ke koi bhi achi, naik, paak maseehi nahi ho saka, balkay iss kay natijay ziyada tar hawlnaak, badaman, aur zameer ka azaab ban kar zindagi ke saamnay aata hai. Lehza jo tanha zindagi guzarnay kay kabil nahi hain, wo shaadi kay bandhan mein bandh jain. Kyunkan koi insaan, koi kol-o-karaar ya zabta khudda kay hukum ko mansookh nahi kar sakta. Issi wajah se padri shaadi ko halal aur jaiz honay ki taleem daitay hain. Ye wazah rahay ke, kadeem waqtoun mein bhi padri shaadi shuda hottay thay. Issi liye Poloos 1 Thamethius 3:2 mein kehta hai ke wo quaid chunno jo ek biwi ka shohar ho. Char so saal pehlay, pehli baar purtashadud taur per, padriyoun ko tanha zindagi guzarnay par majboor kiya gaya. Baishak, jab unhoun ne jawaban shadeed muzamat ki tou, Mainz kay archbishop ko padriyoun ne ghussay mein hungama arai kar ke taqreeban maar hee dala. Woh iss silsilay mein Pope ka farmaan shaia karney walla tha. Aur iss muamallay mein itni sakhti se paish aaya ke na sirif mustikbel mein padriyoun ki shaadi ko khilaaf-e-sharah karaar diya gaya balkay bohut see kaim shudda shadiyan torr di gain. Aur ye sab na sirif khuddai aur duniyawi qanoon ke khilaaf the balkay maseehi qanoon kay bhi khilaaf tha. Ye sab na sirif popoun ne tae kiyay balkay naamigirami majlis shayaya (Synod) mashaikh iss mein shaamil thay. Iss kay ilawa bohat se aqalmand aur khauf-e-khudda rakhnay wallay afraad jo aalla uhdoun par faahiz thay, aksar shakooko-o-shubhaat ka izhaar kiya ke iss zabardasti ki kanwaarpan aur shaadi se mehroomiyat kay kabhi bhi achay nataij paida nahi huay. (Khudda ne ussay khud kaim kiya hai aur insaan ki marzi par chorra hai) Balkay iss kanwarpan kay baise bohat see bari buraiyan aur gunnah ubher kar samanay aye hain.

Dekhnay mein aaya hai, ke insaani fitrat ahista ahista kamzor par jati hai. Jaisay duniya zamana daraz ho rahi hai behter hai iss kism ki aur khamiyan Germany mein dakhil na houn.

Ellawa azeen, shaadi ko khudda ne, insaani kamzori ke khilaaf madad kay liye muqarar kiya hai. Maseehi sharah bhi kehti hai ke purani sakhti ko akhri waqt mein insaani kamzori ki bina'a par naram kiya gaya. Humari khuwahish hai ke iss muamalay mein bhi aisa kiya jai aur humara ye bhi khayyal hai ke churchoun mein iss wajah se padriyoun ki kammi ho sakti hai. Churchoun mein najes kanwarpan ne bohat se sharam naak waqiat, badkaari aur jaraim paish aye, jiski wajah se wo munsif hakim se saza waar tehertay hain. Ab ye khudda ka hukum aajizi ki wajah se church mein hai. Phir bhi ye padriyon ki shaadi kay khilaaf zulm, hairat naak hai. Khudda ne humein shaadi ki izzat karni sikhaii hai. Balkay shaddi tou awam-ul-naas aur but parast akwaam mein bhi qanooni taur par ehtraam se dekhi jaati hai. Magar ab tak ye log, padriyon ko shadi ki waja se, zaalmaana maut kay hawallay kar daitay hain, jo maseehi sharah kay marzi kay khilaaf hai. Poloos 1 Themathius 4:3 mein shiyateen ki taleem se ussay munsilik karta hai jo shaadi se manah kartay hain. Ab ye samajh mein aana chahiye ke sab sazaien shaadi kay khilaaf qanoon ki wajah se hain. Beher kaif, koi insaani qanoon, khudda kay ahakaamaat ko mansookh nahi kar sakta, issi tarah na koi kol-o-karaar. Cyprian kay mutabik, jo khawateen apni izzat barqarar nahi rakh saktien, shaadi ka wada kar lein. Uskay ilfaz (Letter 4.2) mein yooun markoom hain, "Agar tum sabit qadam rehnay se maazoor ya nahi rehna chahetay, tou unkay

33

liye ye bhalla hai ke woh shaadi kar lein na ke havas ki aag mein jhulsein. Aur woh zaroor hai ke apnay behen bhaiyon kay khilaaf jurm na karein."

Shariyat bhi ab kuch unkay barray mein tahamul aur narmi baratti hai, jinhoun ne munasib umer se qabel aisa koi kol-o-karar kar liya hai.

Mazmoon XXIV
Ibadat pe Eemaan

Humaray churchoun par jhoota ilzaam hai ke hum ne ibadat ko mauqoof kar kya hai. Haqeeqat tou ye hai ke hum ussay nehayat aqeedat ke saath manatay hain aur ye bilkul kaim hai. Hum tou abhi bhi apni rasoomaat mamool ke mutabiq hee kartay hain, siwaiy kuch German kay geet, jo Lateeni zubaan se liye gai hain, apnay geetoun mein shamil kar liye hain taakay logoun ko sikha sakein. La ilm ko sikhaanay kay liye ye zaroori samjha gaya. Na sirif Poloos kay hukum ki waja se balkay duniyawi qanoon ki waja se, church mein wohi zubaan istemaal kartay hain jo sab samajh sakein. Log sacrament mein hisa lainay kay aadi ho chukay hain aur jab wo isskay liye tayyar hottay hain too awami ibadat kay lagan aur taazeem mein izafa hota hai. Iss mein shirkat ki ijazat, janch partaal kay beghair nahi di jaati. Logoun ko sacrament kay waqar aur istemaal kay barray mein mashwara diya jata hai ke ye kis tarah humaray zameeroun ko azeem tasali bakhshti hai, taakay hum khudda par yakeen karnay kay baray mein seikhein aur bhalai kay liye, uss se mangein aur kasrat se paiyen. Iss kay saath hum unhein sacrament kay baray mein jhooti taleem kay baray mein bhi aagha kartay hain. Ye ibadat khudda ko passand hai. Aissi sacrament khudda ki sachi aqeedat ko farogh daiti hai. Iss liye, aisa nahi hai ke humaray mukalafeen hum se ziyada aqeedat se parastash kartay hain.

Taham wazah taur par bohat arsay tak, imaandar log pur josh aur awami sateh par ye shikayat kartay rahay hain kay ibadat, kameenay pan aur bad salooki se paisa hasil karnay kay liye istemaal ho rahi hai. Ye mashoor hai ke kaisay iss kism kay log churchoun mein saraiyat kar chukay hain aur khaas wazeefa laikar maseehi shariyat kay khilaaf ja kar ibadat kartay hain. Magar Poloos shidat se dhamkata hai ke jo ishaa-e-rabbani ko ghair munasib tareekay se paish kartay hain. daekhein 1 Corrinthiyon 11:27, "Iss wastay jo koi namunasib tour par khudawand ki roti khaiya ya uss piyaalay mein se piyay, woh khudawand kay badan aur khoon kay baray mein kasoorwaar ho ga."

35

Iss liye jab hum padriyon ko iss gunnah kay baray mein samjhatay hain ke aissi niji ibadaat ko khattam kar dein tou pata chalta hai ke ziyada tar ibadaat tou paison kay beghair hoti hee nahi thein.

Bishipoon ko iss buri reet kay baray mein ilm tha aur wo agar waqt par iss ki islaah kar daitay ho tou ikhtalafaat kum hosaktay thay, khufiaa taur unhein inn sab kay baray mein maloom tha aur phir bhi unhoun ne iss bud-unwani ko church mein dakhil honay se na roka. Ab jabkay bohat dair ho chuki hai, wo iss museebat ki church mein shikhayat karnay lagay hain. Iss khalul ka asar ab itna ziyada ho gaya hai ke isski bardasht mumkin nahi rahi. Iss ki waja se sacrament kay baray mein ibadaat kay dooraan azeem ikhtalafaat ubher rahay hain. Mumkin hai, duniya ko issi taweel behurmati ki waja se ab saza mil rahi hai. Sadiyoun se jin logoun ka farz tha ke isski islaah karein, unho ne apna kirdaar sahih tarah se addaa nahi kiya hai. Kyunkay das ahkaam kharooj 20:7 "Kyunkay jo uska naam befaida laita hai khudawand ussay begunnah na tehrai ga." Lekin lagta hai jab se duniya shuru hui hai, khudda ki tamaam paak cheezon mein ibadat ke ilawa kahin bhi najis paisa aisay istemaal nahi hua.

Ilawaa azein, ek rai bohot mashoor hai, ke niji awam lamahdood taur par ye samajhti hai ke nagawaar aur faani gunnah aisi ibadaat kay zariye mu'af karwai ja saktay hain, aur kyunkay maseeh ne pehlay gunnah ka kufara adda kar diya hai. Isskay ilawa ek aur rai bhi ubheri hai ke ibadaat kay zarye zindoun aur murdoun kay gunnah bhi mu'af karwa saktay hain. Waisay wo mashkook hain ke unn afraad kay liye khas ibadat karwain ya bohat see ibadaat karwani chahiye. Issi dooraan woh khudda se unn sab ki khuwahish kartay hain jo unhein chahiye, aur iss tarah wo maseeh par eemaan aur sachi ibadat ko faramosh kar chuckay hain. Humaray asataza ne inn aa'raa kay baray mein tanbhi ki hai ke wo iss tarah paak kalaam se dur ho rahay hain aur maseehi jazbay ki shaan ko kum kartay hain. Kyunkay maseehi jazba sirif pehlay gunnah kay liye hee nahi balkay tamaam gunnahoon kay liye qurbani kay karyie kufaara adda karta hai. Ye Ebraniyoun 10:14 mein bhi hai: "Kyunkay uss ne ek hee qurbani charhanay se unko hamesha kay liye kamil kar diya hai jo paak kiye jaatay hain." Iss bidat kay baray mein suna nahi ho ga ke, church ki taleem hai ke maseeh ki maut pehlay gunnah kay kufara kay liye hai gunnahoun kay liye nahi. Chunachay yahan ye ek acha jawaaz hai ke ye apni ghalati ko samjhein aur isslaah karnay ki hum umeed rakhein.

Kalaam ye bhi sikhata hai khudda kay saamnay maseeh par eemaan laanay kay sabab se raastbaaz tehertay hain, khaaskar jab hum ye tasleem kartay hain ke humaray gunnah maseeh ki khatir mu'af hotay hain. Ab agar ibadat se zindoun aur murdoon kay zahiri amaal ki waja se gunnah khatam hotay tou iss ka tou ye matlab hua ke ibadat ne ye kaam kiya na ke eemaan se, aur paak kalaam iss ki hargiz ijazat nahi daita.

Magar maseeh Luka 22:19 mein hukum jaari karta hai ke: "Meri yaadgari kay liye yehi kiya karo." Ibadat issi liye muqarar hui taakay jab woh sacrament adda kartay hain tou wo eemaan kay zariye woh sab fuwaid hasil kartay hain jo maseeh unhein bakhshta hai. Aur iss tarah unn kay bechain zameeroun ko khushi aur tasalee mil sakti hai. Iss wastay maseeh ko yaad rakhnay se uss faida ko yaad rakhna ho ga aur iss se ye ahsaas ho ga ke wo asal mein humein kiya paish karta hai. Aur ye kafi nahi hai ke hum sirif tareekh ko yaad karein; kyunkay yahoodi aur bedeen bhi usko yaad kartein hain. Iss liye aisee ibadaat khatam ki jain aur isha-e-rabbani ko unkay liye khaas intezaam ki jai jo tasali kay talabgaar hain. Ambrose kehta hai, "Kyunkay mein humesha gunnah karta houn, mein humesha du'aa ka paband rahoun ga." Iss liye eemaan sacrament kay liye be had zaroori hai warna sab besood hai.

Ab choonkay ibadat mein sacrament dena hota hai, iss liye hum har muqadas din ko isha-e-rabbani rakhtay hain, aur agar log khuwahish karein tou doosray dinoun mein bhi rakh saktay hain. Churchoun mein ye amal nahi hai. Kyuhkay Gregory se pehlay kisi niji ibadat ka zikr nahi hai aur padri aam kalisiyai ibadaat mein isha-e-rabbani ka batatay hain. Chrysostom kehta hai ke padri rozana pulpit par kharay ho kar kuch afraad ko isha-e-rabbani kay liye dawat daita hai aur dosuroun ko peechay rakhta hai. Ye kadeem paak shariyat se pata chalta hai ke ek shakhs ne ibadat ki rasam ada ki aur us se doosray Presbyters aur deacons ne maseeh ka badan wasool kiya, Nicene

Canon mein yun markoom hai: "Muntazmeen, tarteeb se isha-e-rabbani hasil karein bishop se ya padri kay baad." Aur Poloos, 1 Corrinthiyon 11:33 mein sharakat kay baray mein kehta hai ke humein ek doosaray ka intezaar karna chahiye taakay isha-e-rabbani ek mushtaraka sharakat ho.

Iss liye, ye daikhtay huay, jab hum pur etmaad tareekay se church kay iss namoonay ki mashk kartay hain, jo hum ne paak kalaam aur khadmoun se seekhein hain, humein yakeen hai ke koi bhi iss ko mustarad nahi kar sakay ga, khaaskar jab hum ye awami rasmoun ko barqarar rakhein gay, jaisay woh pehlay hua karti thein. Ibadatoun mein faraq ki wajah, bila shak khuli ziyaditiyaan hain. Puranay zamanay mein, churchoun mein ibadat aksar, rozana nahi ki jati thein, jaisa hum (Tripartite History Book 9 chap 38) mein parhtay hain: Alexandria mein har budh aur jumma ko paak kalaam parha jaata aur aalam unko biyaan kartay aur sab kaam kiye jaatay siwaiy paak ishaa ki mutabarak rasam kay.

Mazmoon XXV
Iqrar par Eemaan

Humaray darmiyaan churchoun mein kabhi bhi iqrar ka khatma nahi hua. Darhaqiqat, ye humari ma'mool ki mashk rahi hai ke janch partaal karnay kay baad bartaraf kiye gai afraad ko maseeh kay badan mein shamil kar dein. Eemaan kay baray mein hum bari ehtiyaal se mu'afi ki taleem daitay hain jiskay baray mein pehlay bari khaamoshi thi. Hum logoun ko ye taleem daitay hain ke najaat ki bohat ziyada qadr ki jai kyunkay ye khudda ki aawaaz aur khudda kay hukum ka biyaan hai. Iss kunji ki taqat hee uski khoobsoorati hai aur logoun ko yaad dilatay hain ke ye humaray pareshaan zameeroun kay liye kitni bari tasali bakhshti hai. Hum unko ye bhi yaad dilatay hain ke khudda humara eemaan chahita hai aur yakeen karein ke aisee najat sirif maseeh par sacha eemaan lanay se hee milti hai aur uski aawaaz aasmaan se aati hai. Pehlay log itmanaan ko bohat ehmiyat daitay thay aur eemaan ka tazkara nahi kartay thay, na hee maseeh ki khoobiyoun aur eemaan ki raastbaazi ki baat kiya kartay thay. Iss wajah se, iss nuktay par, humara church kisi bhi tarah se morad-e-ilzaam nahi tehraya ja sakta hai. Fee alhaqiqat, humaray mukhalafeen bhi iss baat ko tasleem kartay hain ke humaray asataza nay bari tunddahi se tauba kay baray mein taaleem di hai.

Magar, aitaraf kay baray mein humari ye taleem nahi hai ke gunnahoum ki ginti zaroor ki jai aur ye ke zameeroun ko iss bojh se pareshaan na kiya jai kyunkay gunnahoun ka shumaar namumkin hai. Zaboor 19:12 shahadat duita hai: "Kon apni bhool chook ko jaan sakta hai." Aur Yarmiah 17:9: "Dil sab cheezoun se ziyada heela baaz aur lailaaj hai. Uss ko kon daryaft kar sakta hai?" Magar humaray zameeroun ko kabhi sakoon nahi melaega agar humaray gunnah mu'af na kiye jain, siwai unkay jinki hum tashreeh na kar sakein. Humaray gunnah choonkay beshumar hain, bohut se aisay jinka humein ilm nahi hota ya hum yaad nahi kar saktay. Issi liye musanafeen iss baat ki gawahi daitay hain ke gunnah ko shumaar karna zaroori nahi hai. Ek farmaan mein Chrysostom ne yon tahreer kiya hai ke "mein nahi kehta ke tum apnay aap ko sab kay samnay beparda karo aur kasoorwar tehrai balkay apnay nabi ki farma bardari karein jo kehta hai Zaboor 37:5 "apni raah khudawand par chor de." Iss liye apnay gunnahoun ko khudda ke saamnay du'aa kay saath qabool karo, kyunkay woh sacha munsif hai. Apnay kasooroun ko zubaan se nahi balkay apnay zameer ki yaadasht se biyaan karo." Aur Gloss (of Repentance, distinction 5, chapter: Consideret) mein aiteraf karta hai ke iqrar sirf insaani haq hai, jis ki paak kalaam kay hukum se nahi balkay church nay qaim kiya hai. Tahum, muafi kay itnay baray faiday ki khatir, aur ye ke, ye zameer kay liye mufeed hai, iqrar ko humaray damiyaan barqarar rakha gaya hai.

Mazmoon XXVI
Gosht mein imtiaz karnay per Eemaan

Churchoun kay asataza aur aam log ye samajhtay hain ke gosht kay imtiaz aur baki parhaiz fazal ko kamanay aur gunnahoun ki mu'afi kay liye kiye jaatay hain. Aur ye wazah hai ke duniyawi soch ke nai rasmein, nai taqreebaat, nai tarteeb, naiy muqadas din, rozay rakhnay kay naiy bahanay, rozaana qaim hotay aye hain aur churchoun kay asataza ne bilkul wohi kaam kiye aur iss tarah logoun kay zameeroun ko bohut hadd tak khaufzada kar ke fazal kamanay kay liye istamaal kiya. Agar wo ye sab na kartay tou woh inn rawayaat kay liye logoon ko kail na kar paatay aur iss tarah church ko bohat nuqsaan pohunchaiya hai.

Sab se pehlay, fazal kay ghair nazariya ka ghair waazah hona aur eemaan se raastbaaz hona jo humari injeel ka ahum hissa hai. Fazal kay nazariya ko church ka sab se ziyada numayaan hona chahiye, taakay maseeh ki khoobiyaan tareekay se biyaan ho aur eemaan ko bulandi millay, jiska maqsad hai gunnah ki mu'afi maseeh ki khatir milli hai na ke amaal se. Issi wajah se Poloos iss mazmoon par sab se ziyada zor daita hai, uss ne shariyat aur insaani rasmoun ko ek taraf kar diya taakay ye iyaan karay ke maseehi raastbaazi amaal se nahi balkay eemaan se hai. Aur issi wajah se humko gunnahoun se muft muafi milti hai. Magar Poloos kay iss nazariye ko rasmoun ne mukamal taur se chuppa diya hai, aur ye raiy qaim ho gai ke hum fazal ko gosht mein imtiaz aur iss jaisay aur farz adda kar kay kama saktay hain. Tauba kay baray mein sikhatay huay koi bhi eemaan ka zikr nahi karta. Sirif itminaan bakhsh kaam aur poori tauba inn par mushtamal hoti hui nazar aati hai.

Doosray ye ke ye rasmein khudda kay hukum ko ghair waazah karti hain, kyunkay ab rasmoun ko khudda kay hukmoun par tarjeeh dee ja rahi hai. Logoun ka khayyal hai ke maseehiyat, khaas muqradas dino un ko manane, rasoomaat adda karnay, rozay aur libaas par

41

mushtimal hai. Inn sab ki pabandi kar ke woh apnay aap ko buland naam aur rohani ya kamil zindagi jeet saktay hain. Iss doraan woh khudda kay hukmoun ki koi parwah nahi kartay balkay ye kehtay hain ke baap ko aisay khaandaan palna chahiye, maa ko aissay bachay sambhalnay chahiye aur hakim ko iss tarah hakumat karni chahiye. Ye tamaam khiyalaat aur kaam duniyawi aur nakiss hain aur zahiri chamak se bohat adnah hain. Aur iss ghalati ki wajah se mutiqi zameer ko bohut ziyada aziyat daitay hain. Humein dukh hai ke ye kaisi nakiss zindagi basr kar rahay hain masalan shaadi kay bandhan mein, munsif kay uhdon mein aur awami wizarat mein aur doosri taraf woh paasbano aur doosaray logoun ko sarhatay hain. Ye ek jhoota khiyaal hai jis se wo sab logoun ko dhoka daitay hain ke ye khudda ko ziyada pasand hai.

Teesra, wo rasmein jo zameeroun kay liye bohat khatra hain, kyunkay tamaam rasmoun ki pabandi karna namumkin hai aur ye log iss bunyaad par logoun ki ibadat ko parakhtay hain. Gerson likhtay hain ke kaii log itnay maayoos ho gai thay ke unhoun ne khudkushee kar lee, ye soch kar ke wo ye rasmein adda na kar paye, aur ye issliye hua kyunkay unhone eemaan aur fazal ki tasalee kay baray mein sunna na tha. Hum daikhtay hain ke ijlaas ke sarbarah, mahereen-e-Illahiyaat sab rasmoun ko jamma kar kay, inn ki shiddat ko kum aur naram kar ke zameeroun ko sakoon daina chahitay hain, magar aisa kar kay woh aur bhi zameeroun ko bailagaam aur uljhaa daitay hain. Aur woh schooloun aur khutboun mein itnay masroof hain ke eemaan kay munafa bakhsh nazariya, saleeb, umeed, mu'asharti muamalaat kay liye unkay paas koi waqt nahi hai taakay woh thakay huay zameeroun ko koi tasalee dein. Iss liye Gerson aur iss ki tarah aur aalim-e-deen sakht shikayat kartay hain ke iss tarah se rasmoun ne unhain ek behtar nazariya par tawaja dainay se mehroom kar rakha hai. Augustine bhi iss tarah ki rasmoun se manah karta hai kyunkay ye sab logoun kay zameeroun par bojh ka sabab hai. Aur woh Janarius ko ehtiyaat se mushwara daita hai ke usko maloom hona chahiye ke inn rasmoun se lataluki zahir karein yehi uskay ilfaaz hain.

Iss wajah se humaray asataza ne iss muamalay ko uthaya hai, na ujlat se aur na bishopoun se nafrat ki wajah se, jaisa kay shubaa kiya jata hai. Iss cheez ki behadd zaroorat thi, ke churchoun ko iss ghalati se aaghaah karein, jo rasmoun ki ghalat fehmi ki wajah se paida huay thay. Injeel majboor karti hai aur zor deti hai ke churchoun mein fazal kay nazarya aur eemaan ki raastbaazi par zor dein. Log ghalat samajh rahay hein ke jaisay fazal hasil karnay ke liye unkay paas apni marzi karney ka ikhtiyaar hai.

Iss liye, iss tareeqay se hum ye sikhatay hain ke fazal ko koi bhi rasmoun se kamaya nahi ja sakta aur humein na insaanoun ki banai hoi rasmoun ko ibadat mein shamil karni chahiye aur na hee ye zaroori hain. Kalaam mein humain bohat see aisee shahadatein milti hain. Maseeh ne Matti ki Injeel kay 15:3 aur 9 mein shahgardoun se jo rasam kay mutabiq ta'aloq rakhta hai zikr kiya (ye pani se pakeezgi se munsalik tha, go kay ye mu'amla ghair qanooni na tha) Maseeh ne kaha, "Tum apni rawayaat se khudda ka hukum kyon taal daitay ho?" Iss liye ussay iss be ma'ianay ibadat ki zaroorat nahi hai. Uskay baad uss nay kaha, "Jo cheez munh mein jaati hai woh aadmi ko napaak nahi karti hai." Poloos bhi Romiyoon 14:17 mein kehta hai, "kyunkay khudda ki baadshahi khannay peehnay par nahi." Kulsiyoun 2:16, 20-21, "Pas khaanay peenay eid ya nai chaand ya sabath ki baabat koi tum par ilzaam na lagai." "Jab maseeh ke sath duniyawi ibtadai baatoun ki taraf se mar gai tou phir unn ki manand jo duniya mein zindagi guzartay hain insaani ekkaam aur taleem kay muafiq aisay qaiday kay kuyoon paaband hotay ho. Ke issay na choona, ussay na chakhna, issay haath na lagana." Aur Patras Amaal 15:10-11 mein kehta hai, "Pas ab tum shahgardoun ki gardun par aissa juaa rakh kar jis ko na humaray baap dada uthaa saktay thay na hum khudda ko kyun aazmaatay ho? Halaankay hum ko yakeen hain ke jis tarah wo khudawand yesu kay fazal hee say najaat paien gay ussi tarah hum bhi paien gay.

Yahan Patras humain humari rawait ki waja se zameer kay bojh talay dubnay se manah karta hai, chahay woh Moosa ki shariyat se ho ya kisi doosaray se.

Aur 1 Thametheus 4:1, 3 mein Patras gosht se ijtanaab ko shaitaan ka nazariya kehta hai. Kyun? Iss liye ke ye injeel kay bar khilaaf ye sikhaata hai ke hum aisay anmaal karein jis se fazal kamma sakein aur maseehiyat mein aisee koi cheez nahi siwaalay khudda ki khidmat ke.

Yahaay humaray mukhaalafeen aitaraaz kartein hain ke hum ta'abadaari aur gosht se parhaiz kay khilaaf hain. Jaisay Jovinian. Magar iss kay bar aks apnay asataza ki tehreeroun ki ilawa ye kehtay hain ke unhoon ne humesha ye sikhaya ke museehi ko apni saleeb uthaani hai aur museebatein bardasht karni hoti hain. Ye haqeeqat hai aur sanjeeda aur ghair waziah maut jo humain maseeh kay saath museebat aur mukhtalaf mashk, masloob honay ke liye karni parti hain. Iss kay ilawa hum ye taleem daitay hain ke har maseehi ko jismaani pabandiyoun kay zer-e-tarbiyat aur taabay hona chahiye ya jismani mushaqat aur mehnat kay, takay wo apni kisi kaahili ya aaraam talbi ki wajah se gunnah kay behkaway mein na aa sakay aur na hee wo ye soch sakay kay woh inn mushakatoun ki wajah se fazal ko kamma sakta ya gunnahoun ki mu'aafi haasil kar sakta hai. Aur aissi beruni nazm-o-zabt ko humesha jaari rakhein na ke chand roz ke liye. Maseeh ka hukum hai Looka 21:34, "Pas khabardaar raho, aissa na ho ke tumharay dil khumaar aur nasha baazi aur iss zindagi ki fikroun se sust ho jain aur wo din tum par phanday ki tarah nagahaan aa paray." Aur Matti 17:21: "Lekin ye kisim duwa ke siwa aur kisi tarah nahi nikal sakti." Poloos bhi 1 Corrinthiyon 9:27 mein ye kehta hai: "Balkay mein apnay badan ko maarta koot-ta aur ussay kaboo mein rakta houn." Yahan woh bohat safai se ye kehta ke wo apnay badan ko kaboo mein rakhta hai aur rohaaniyat ke liye tayyaar aur apna farz achay se adda karnay ke liye tayyaar rehta hai jo uska kaam hai. Iss liye, hum nafs roza ko nakara nahi kehtay balkay jo rawayat kay tajweez karda dinnoun ya gosht se, zameer kay khatray ke liye kartay hain goya ye kaam ibadat karnay ke liye zaroori hain.

Iss kay bawajood, bohat saari rawayaat ko barqarar rakha gaya, jo naiki ka sabab bantay hain, churchoun ki tarteeb ke liye jaisay sabaq ki ya ibadat ki tarteeb aur maqadas khaas ayaam. Magar iskay saath hum logoun ko khabbar daar karna chahitay hain kay ye sab kaam unhain khudda kay saamnay raastbaaz nahi teheraatay aur ye ke jo inn kamoun ko nahi karta wo koi gunnah nahi kar raha. Aisi azadi jo insani rawayaat se wabasta hain, padri sahibaan achay se waqif hain.

Kyunkay mashriq mein Easter mukhtalaf waqt mein manaya jata tha aur Rome kay saath nahi. Romiyoun nay mashraqi churchoon ko firka bandi karanay ka ilzaam dhara, aur iss tanuh ki waja se hidayat ki ke zaroori nahi ke har baat sab jaggah ek jaisi ho. Aur Irenaeus kehta hai, "Rozoun kay ikhtalafaat ki wajah se eemaan ki hum ahangi ko tabbah nahi karna chahiye." Pope Gregory bhi Dist. XII mein isharatan kehta hai ke aisa faraq church ki yagangat ko tabbah na karay. Aur Tripartite History, Book 9 mein ek aisi mukhtalaf rawayaat ki misaaloun ka anbaar hai aur you likha hai ke, "Shahgardoun kay ziehnoon mein aisa kuch na tha ke wo muqadas dinnoun ke liye qawaneen muqarar karein balkay deendari aur paak zindagi ki tableegh karein aur eemaan aur mohabat ki taleem dein."

Mazmoon XXVII
Khankahoun ke ahad par Eemaan

Khankahoun kay ahad ki taleem aasaani se samjhee ja sakti hai, agar hum ye yaad rakhein ke ye khankahein ki halat kaisi hai aur rozana kya hota hai, jo shariyat kay asool kay khilaaf hai. Augustine ke daur mein inn mein shirkat bila keemat hua karti thi. Jab nazm-o-zabt kharaab hua tou sab jaggohn par inn nazm-o-zabt ko bahaal karnay kay maqsad se goya bari ehtiyaat se, jaisay hawalaat ki mansooba bandi ki gai. Batudreej, qasmoun wa'idon kay ilawa aur bohat se rawaaj bhi shamil kiye gai. Iss waja se bohat se logoun ko jaiz umar se qabal beeriyaan daal di gain bajai shariyat kay qanoon ki.

Bohat se log apni lailmi ki waja se iss qism ki zindagi mein pohunch gai, unhoun ne apni taqat ka ghalat andaza lagaya. Iss tarah ye yahan phans gai aur wahaan rehnay par majboor ho gai, halaankay shariyat kay matahat narmi aur raham se unhein azaad kiya ja sakta tha. Aisay bohat se maajaray, khawatein ki convent kay saath, rahaboun se ziyada huay hain. Halaankay woh sinf-e-naazuk honay kay sabab se ziyada raham ki ahal thein. Ye dushwari, naik logoun ko naagawaar guzri aur jab unhein pata challa ke naujawan larkay aur larkiyon ko zindagi bhar basar karnay ke liye inn convent mein dhekail diya jata hai. Unhoun ne dekha ke iska kitna badqismat nateeja hota hai, sharam naak waqiyaat hotay hain aur zameer phanda ban jata hai. Woh ghamzada thay ke shariyat kay ikhtayaraat ko itnay khatarnaak mu'amalay mein mukamal taur par nazar andaaz aur musturad kiya gaya. Inn buraiyoun kay ilawa kuch aisi aara, ahad ke baray mein uth khari huien, jo ek waqt mein rahaboon ko pasand na aaya, kyunkay woh thoray khudda taras thay. Woh ye taleem daitay thay kay ye ahad baptisma ki tarah hai aur sikha rahay thay kay iss kism ki zindagi guzarnay se woh gunnahoun ki mu'afi hasil kar saktay hain aur khudda kay samnay woh raastbaaz teher saktay hain. Iss se bhi ziyada ye ke, khankah ki zindagi khudda ke saamnay ziyada raastbaaz hoti hai, kyunkay woh wahan par na sirf khudda kay kalaam ki perwi kartay hain balkay injeeli basharat ki bhi targheeb daitay hain.

Iss tarah unhoun ne logoun ko khankahi kay paishay ki taraf kail kiya ke ye baptisma se kahin ziyada behtar hai aur khankahi zindagi kay fawaid hakim-e-faujdaari, paadriyoun aur inn jaisay doosari zindigiyoun se kahin ziyada behtar hai. Ye sab log khudda kay ahkaamaat tou mantay hain magar inn jaisi khidmat nahi kartaay. Woh iss baat se inkaar nahi kar saktay kyunkay unki kitaboon mein ye sab likha hua hai. Iss kay ilawa, woh shakhs jo iss khankaahoun mein dakhil hota hai, phans jata hai aur bohat kum maseeh kay baray mein seekhta hai.

Phir inn khankahoun mein baad mein kya hota hai? Ek waqt mein ye muqadas khatoot kay madrasay hua kartay thay, aur doosray nazm-o-zabt kay zariye churchoun kay liye faidamand hua kartay thay. Ye padri aur bishop banatay thay. Ab ye alag daastaan hai. Ye kisi ko dobara batanay ki zaroorat nahi hai kyunkay wo sab pehlay hee say jaantay hain. Pehlay ye seekhnay kay liye jamma hua kartay thay, ab woh dikhawa kartay hain ke iss qism ki zindagi fazal aur raastbaazi hassil karnay kay liye hai. Uss se bhi ziyada ye ke ye kamaal ki halat mein hain aur ye jaggah doosri jaggah se illahi taur par behtar zindagi bakhshti hai. Hum ne ye sab kisi bhi mubalgha aarai se aur nafrat ke beghair tahreer ki hain. Takay humaray asataza iss nukta par achay say samjhaya ja sakay.

Pehla, woh tamaam mard jo mujarad rehnay kay kabil na ho, unko shaadi karnay ki ijazat de deni chahiye, kyunkay koi waida, khudda kay ehkaamaat aur sharah ko mansookh nahi kar sakta, kyunkay khudda ka hukum hai 1 Corrithiyon 7:2 kay mutabiq: "Lekin haraam kari kay andaishay se har mard apni biwi aur har aurat apna shohar rakhay." Ye khudda ka hukum hee nahi, balkay khudda ki kiaynaat aur qanoon hai, unko majboor karta hai ke jo tanha khudda ka kaam nahi kar saktay woh shaadi kar lein. Paidaish 2:18 kay mutabik: "Adam ka akela rehna acha nahi," issliye khudda kay qanoon our hukum ko manna gunnah nahi hai.

Iss se kaisay koi aitraz kar sakta hai? Unko jitna woh chahein waida ki tareef kar lein, khudda kay hukum ko wo waida ki waja se mansookh nahi kar saktay. Shariyat humein sikhaati hai ke koi bhi waida kisi ko uss se mustashnah nahi kar sakta, aur na waida kisi pope kay faislay kay khilaaf paband hai, aisay koi bhi waiday jo khudda kay ahkaamaat kay khilaaf hain.

Ab agar waida ko kisi bhi wajah say tabdeel nahi kar saktay, Roman pope bhi uss se farigh nahi kar sakta, kyunkay kisi bhi insaan ko ye haq nahi kay wo faraiz jo mukamal illahi hain unko mansookh kar sakay. Magar Roman popoun nay chalaki say inn faraiz ki addaigi say narmi barti hai, aur hum parhtay hain ke bohat baar unhoun nay munitoun se mu'af kiya hai. Aragon kay baadshah ka purana waqia jo khankah kay barry mein hai bohat mashoor hai aur isskay ilawa aisay kai doosray jo kai misaalein jo aaj kay daur say hain. Waqti mufadaat kay hasool kay liye aisee riyaait attaa ho sakti hai bajai rooh kay takaleef kay sabab se jo ke ziyada mouzoun hai.

Doosri jaggah par, humaray mukhalafien faraiz ya waida kay asar kay baray mein mubalgha aaraie kartay hain. Ek hee waqt mein, unkay paas waida ki fitrat mein kehnay kay liye kuch nahi hai, kay aisa kuch mumkin hai ke woh razakarana taur par ho ya apni marzi se jaan boojh kar laazim hai. Magar sab waqaf hain ke kis hadd tak insaan daimi pakeeza hai. Aur kitnay kum hain jinnouhn nay waida ko khud apni marzi say kiya hai. Larkay aur larkyoun ko, unkay parakhnay say pehlay, qa'il aur majboor kiya jata hai kay woh waida karein. Iss liye ye insaaf nahi hai ke unko faraiz adda karnay kay liye sakhti se israar kiya jai, kyunkay sab maantay hain ke ye waida ki fitrat kay khilaaf hai ke koi ussay kaamil taur par apni marzi se waida na karay.

Bohat se puranay qanoon, razamandi kay beghair kiye gai waidan ko jo 15 saal se pehlay kiye gai houn mansookh kar daita hai, kyunkay ye umar unko parakhnay ke liye kaafi nahi aur iss faisla ka assar unki ainda zindagi ko mutasir karta hai. Aisa hee ek aur qanoon, insaan ki kamzori ki waja se kuch arsay aur muhlat daita hai. Woh 18 saal ki umar se phely waida karanay ka manah karta hai. Magar kya hum inn dono qanoonoun ki pairwi kartay hain? Ek bhaari aksariyat kay paas khankah chornay ka ye bahana tha ke, unhoon ne iss umar tak pohunchanay se pehlay ye waida kiya tha.

Akhir mein, inn waqiyat mein, jahan waida khilaafi hui hai uski malamat kartay huay unki shaadi ko mansookh karnay ki ekdam zaroorat nahi hai. Kyunkay Augustine iss ki tardeed karta hai ke shadi tahleel ho, iss zimadari ka ek bojh hota hai, jissay doosray admi baad mein iss se mukhtalaf sochtay hain. (Augustine, 27 question 1. Chapter Neputcarum)

Magar go ke khudda kay ahkaam shaadi kay silsalay mein ziyada tar logoun ko waidoun se bachnay ka waseela bantay hain, phir humaray asataza ek aur daleel se ke waida bilkul baatil hai, paish kartay hain. Kyunkay har woh khidmat, jo aadmiyoun nay khudda kay hukum kay ilawa muqarar ki, taakay raastbaazi kama sakein, shararat hai. Jaisa kay maseeh Matti 15:9 mein kehta hai, "Aur ye befaida meri parastash kartay hain kyunkay insaani ehkaam ki taleem daitay hain." Aur Poloos har jaggah taleem daita hai kay imaandari apni kisi rasam ya ibadat kay amal, jo insaanoun nay banaiy, se nahi hassil ki ja sakti hai, balkay ye jo imaan rakhtay hain kay khudda ne unhein maseeh ki khaatar fazal se unko qabool kiya hai.

Rahiboun ne waziah taur par isski taleem di hai kay jitni bhi insaani khidmatein, jo gunnahoun ki mu-afi fazal aur raastbaazi hassil karnay kay liye ki jaati hain, yakinun maseeh kay jalal se juda karti hain aur eemaan ki raastbazi ko mand aur uski nafi karti hain. Iss liye iss se ye nateeja nikalta hai ke waiday jo aam thay ek napaak qism ki ibadat hotay hain aur iss wajah se mansookh hain. Shararti waida khudda kay hukum kay khilaaf hai, aur batil hai, kyunkay koi bhi waida, ye shariyat kehti hai, zulm ka bandhan nahi hona chahiye.

Poloos Galatiyoun 5:4 mein kehta hai, "tum jo shariyat kay waseelay se raastbaaz teherna chahitay ho maseeh se alag ho gai aur fazal se mehroom." Iss liye, woh sab jo apnay waidoun se raastbaaz teherna chahitay hain, maseeh ka uss par kuch asar nahi, aur unhein fazal nahi milta. Kyunkay jo apnay waidoun ko uss ki ta'eed mein mansoob kartey hain woh apnay kaamoun ko iss ki ta'eed mein mansoob kartay hain jo haqeeqat mein maseeh kay jalal se ta'aluq rakhti hai.

Baishak koi bhi iss se inkaar nahi kar sakta jo rahiboun ne taleem di hai ke, apnay waidoun aur khidmatoun se woh imaandaar teheray aur gunnahoun ki mu'aafi hassil kartay hain. Iss se bhi barh kar unhoun ne muzhaika khaiz daway iejaad kiye hain, aur kehtay hain kay woh apnay kaam doosroun kay saath baant saktay hain. Agar hum ye naagawar bahas karein aur inn cheezon ko khol kar biyaan karein, hum aisee bohat see batein jama kar saktay hain, jin se rahib sharminda hongay! Ilawa isskay ye ke, unhoun ne logoun ko insaanoun ki wazah karda rasoomaat ki taraf raghib kiya kay woh maseehi kamal ki halat mein hain. Kiya ye raastbaazi ko kamoun se mansoob nahi kar raha hai? Ye church kay liye chota ilzaam nahi hai, woh logoun ko aisee ibadat karwatay hain jo insaanoun ne banai hain, aur khudda kay hokum kay beghair hain. Aur woh ye taleem daitay hain ke ye ibadat admiyoun ko raastbaaz banati hain. Iss wastay eemaan se raastbaazi kay ilawa aur kuch bhi nahi, church mein sikhana chahiye. Balkay ye ghair wazah, jab shaandaar farashtoon ki shakal wali ibadat, ghurbat, aajizi aur mujarid, logoun ki nazaroun kay saamnay paish kartay hain.

Mazeed isskay, khudda kay ehkam aur khudda ki haqiqi ibadat maand par jaati hai jab hum logoun se suntay hain ke sirf rahab kamal ki halat mein hai. Kyunkay maseehi kamaal tou dil se khudda ka khauf hai, aur phir bhi ek azeem eemaan ka tasawar karna, maseeh ki khaatar ka bharosa karna ke khudda se woh humari masalahat karwata hai; phir khudda se mangana aur yaqeeni taur par ye tawako karna ke woh inn ki har baat mein madad karega, humari hajit kay mutabiq, iss dooran hum muta'idi se zahiri naik kaamoun mein masroof ho kar khidmat kartay rahein. Iss mein na tajorud shamil hai na bheek mangana aur na haqeer libaas. Balkay logoun ne rahiboun ki zindagi ki jhooti numaish kiwaja se bohat naqis aara' qaim ki hain. Woh suntay hain kay tajorud ki bohat tareef ho, takay shaadi unkay zameeroun kay liye ek jurm ban jai. Woh suntay hain kay sirif bhikaari kamal hain kyunkay unko apna zameer paishay aur kaarobaar ki waja se mujrum qrarar daita hai. Woh suntay hain ke injeeli targheeb intekaam lainay kay liye nahi hai. Iss liye kuch apni niji zindagi mein inteqaam lainay se khauf nahi rakhtay kyunkay woh isko tajweez samajhtay hain na ke hokum. Doosaray ye samajhtay hain kay maseehi munsif ka mansab sahih tareeqay se mu'asharti uhda nahi rakh saktay.

Aissay admiyoun ki misaaloun ka indaraaj ho chuka hai jinhoun nay shaddi aur jamhoori hakoomat kay intezaam tarak kar ke apnay aap ko khankahoun mein posheeda kar liya hai, woh iss ko "duniya se farar" kehtay hain aur "Khudda ki ziyada pasandida zindagi ki kism ki talaash" khety hain. Lekin woh ye nahi daikhtay ke humain khudda ki khidmat uskay ehkamaat jo uss ne khud diye, se karni chaiye. Behter aur kaamil zindagi woh hai jis mein khudda kay ehkaam hain. Ye zaroori hai ke aadmiyoun ko inn batoun se khabardaar karein, iss waqt se bhi pehlay Gerson ne rahiboun ki iss ghaliti ki malamat ki hai, jo kaamliyat kay baray mein hai. Aur woh iss baat ki shahadat daita hai ke inn dinoun mein ye aek nai baat thi ke khankahoun ki zindagi ek kaamil kaifiyat hai.

Waiday bohat se burray khiyalaat se jurray huay hain: ke woh haq bajanib hain ke wo maseehi kaamliyat ki tashkeel daitay hain, woh qanoon aur hukum ki hifazat kartay hain aur wo farz-e-man- sabi se ziyada kaam kartay hain. Ye sab batein, kyunkay woh jhootay aur khaali da'way kar kay waidoun ko kaladum aur bekaar bana daitay hain.

Mazmoon XXVIII
Muntakhib karnay kay ikhtayarat par Eemaan

Bishopoun kay ikhtayarat kay baray mein kaafi baray ikhtalafaat paye gai hain. In mein, kuch church kay ikhitayarat aur talwaar kay ikhitayarat mein shamil ho gai hain. Aur iss afratafri ka nateeja bari jangein aur hungamay hain. Iss doraan Pontiffs nay apnay ikhtayarat ki kunji se na sirf nai rasoomat qaim kien aur muqadmaat kay mu'aamaloun se aur berahami se baradari se bedakhal kar kay zameeroun par bojh daala balkay duniya ki baadshahat cheenanay ki koshish kar kay shahanshah ki saltanat muntikil karni chahi. Aalaa taleemyafta aur khudda parast logoun nay inn ghalat batoun ki jo church mein bohat arsay se ho rahi thein, ki malamat ki. Iss liye humaray asataza, logoun kay zameeroun ko tasalee di, aur unhein church aur talwaar kay ikhtiyar kay faraq dekhnay par majboor kiya, khudda kay hukum kay mutabiq hum har ek ka ehtaraam karna sikhatay hain, jaisay woh khudda ki bakhshi hui sab se bari naimat hain. Yeh, beher kaif humari rai hai: ke ikhtiyaraat ki kunji, ya bishopoun ka ikhtiyaar, injeel kay mutabiq, khudda ka hukum aur zor hai, ke injeel ki munadi ki jai, sacrament ka intezaam karein aur gunnahoun ko mu'af karein ya qaim rakhein. Iss hukum ko maseeh ne apnay shahgardoun ko diya, Yohunnah 20:21-23 "Jis tarah baap ne mujhay behja hai, issi tarah mein tumhein bhejta hoon. Aur ye keh kar unn par phoonka aur unn se kaha rooh-ul-quds lo. Jin kay gunnah tum bakhsho inn kay bakhshay gai hain. Jin kay gunnah tum qaim rakho unn kay qaim rakhay gai hain." Aur Marcus 16:15 mein: "Aur uss ne unn se kaha ke tum tamaam duniya mein ja kar saari khalqat kay saamnay injeel ki munadi karo."

Aadmi iss ikhtiyar ko istemaal kartay hain jab wo injeel ki taleem aur basharat daitay hain aur sacrament ka intezaam kartay hain, chahay thora ya ziyada logoun kay darmiyaan, jaisa bhi unka bulawa ho. Kyunkay ye na sirf badani ikhtiyaar hota hai balkay daimi cheezon ka bhi jaisay daimi raastbanzi, rooh-ul-quds aur daimi zindagi. Koi bhi ye sab hassil nahi kar sakta siwai kalaam aur sacrament ki khidmat se. Jaisa Poloos Romiyoun l:16 mein kehte hai, "Iss liye ke wo har ek eemaan lanay wallay kay wastay najaat kay liye khudda ki qudrat hai." Iss liye, chunkay, church apnay ikhtiyaar se daimi cheezain atta karta hai, aur ye sirf kalaam ki khidmat karnay wallon kay istemaal mein hota hai, mu'asharti hakoomat mein khalal nahi karta; siwaye geetoun se agar mu'asharti hakoomat ko khalal hota ho. Kyunkay mu'asharti hakoomat aur injeel mukhtalaf tareekoun se cheezoun mein bartaao karti hain. Mu'asharti hukmaraan zehinoun ka nahi balkay jism aur jismani cheezon ka diffah kartay hain. Woh insaanoun ko wazah zakhmoun se aur talwaar aur jismaani eeza se mehfooz rakhtay hain, taakay mu'asharay mein insaaf aur aman qaim rahay. Iss liye humein hakoumat aur church kay ikhtayaraat ka khalt malt nahi karna chahiye. Church ka apna manshoor hai, injeel ki tableegh karna aur sacrament ka intezam sambhalna. Unko apna daftar dekhna chahiye aur duniyawi hakoomat mein mudakhilat nahi karni chahiye; inko munsafoun kay qanoon ko mansookh nahi karna chahiye; inko jaiz ita'at ka khatima nahi karna chahiye; inko mu'asharti zaabitoun ko jo insaaf karnay se ta'aluk rakhtay hain madakhalat nahi karni chahiye; aur na koi qanoon muratab karnay chahiye jo awaam-ul-naas se ta'aluk rakhta ho.

Yohunna 18:36 mein maseeh kehta hai, "Meri baadshahi iss duniya ki nahi." Aur Looqa 12:14 mein, "Kiss ne mujhay tumhara munsif ya baantanay walla muqarar kiya hai?" Poloos bhi Philipiyoon 3:20 mein kehta hai, "Humara watan aasmaan par hai." Aau 2 Corinthiyoon 10:4 mein: "Iss liye humari larai kay hathiyaar jismaani nahi balkay khudda kay nazdeek qaloun ko dhaa dainay kay gabil hain."

Iss tarah humaray asataza har ikhtiyaar kay faraiz mein imtiaz kar saktay hain aur humein hukum daitay hain ke hum har tuhfa aur khudda ki barkat ko pehchanein aur ehtaraam karein.

Agar kisi bishop kay paas talwaar ki taqat hai, tou woh injeel kay manshoor kay mutabik nahi, balkay insaani haqooq se hai jo unhein baadshahoun aur shahanshaho se milta hai taakay woh apni mu'asharti nizaam mein a'arzi jaidaad/saamaan bana sakein. Ye baharhaal injeel ki khidmat kay fail se alag hai.

Iss liye, jab hum bishopoun kay dairaykaar kay baray mein sawaal kartay hain tou, humain chahiye ke mu'asharti hukaam ko kalisiyiae halka-e-intezaam mein faraq ko samjhein. Phir, injeel kay maitabiq ya "ilahi haq se" jaisa woh kehtay hain, ke bishopoun ko koi ikhtiyaar nahi hai, woh sirif un logoun ko jo kalaam ki khidmat kartay hain aur sacrament ka intezaam jinkay supurad hai, woh gunnahoun ki mu'afi bakhshein aur uss jaisay nazariya ka, kay munsaf banein, injeel kay khilaaf tableegh karnay walloun ko musturad karein ya baradari se church kay sharariti logoun ko khaarij karein, jinki shararat kalaam se taaluq rakhti ho na ke insaani taqat se. Yahan par churchoun ko zaroor hai ke inhein ilahi haq hai ke woh iss par amal karein. Jaisa Looqa 10:16 mein likha hai, "Jo tumhari sunta hai woh meri sunta hai." Magar jab woh taleem daitay hain ya idaray qaim kartay hain jo injeel kay khilaaf hai, tou khudda kay hukum kay mutabiq kalisiya ko uski ata'ayat nahi karni hai. Matti 7:15 mein: "Jhootay nabiyoun se khabardaar raho." Aur Galatiyoun 1:8, "Lekin agar hum ya aasmaan ka koi farishta bhi uss khushkhabri kay siwa jo hum ne tumhein sunai koi aur khushkhabri tumhein sunaiy tou malaoon ho." Aur 2 Corrinthiyoun 13:8,10 mein youn likha hai, "Kyunkay hum haq kay barkhilaaf kuch nahi kar saktay magar sirif haq kay liye kar saktay hain." Aur "Mujhay iss ikhtiyaar kay ma'afiq sakhti na karna paray jo khudawand ne mujhay bananay kay liye diya hai na ke bigarnay kay liye." Iss liye ye bhi hai, Canonical qanoon kay hukum kay mutabiq (11. Question. VII. Chapter, Sacerdotes and Chapter, Oves). Aur Augustine likhta hai (Contra Petiliani Epistolan), "Humein Catholic bishop kay saamnay aajiz nahi hona chahiye, agar woh ghaalat houn ya khudda ki shariyat kay qanoon kay barkhilaaf kuch kartay houn. Agar unn kay paas koi aur taqat ho ya qanoon ho jiskay tahat woh shaadi ya dehyaki ka mu'amlaa kay baray mein munsaf houn, ya iss tarah ke aur, unkay paas ye insaani haqooq hain. Aisay mu'amlay jis mein aam log nakaam rehtay hain, hukmaraan paband hain, chahay unki marzi kay khilaaf ho ke woh amun ko barqarar rakhnay kay liye insaaf mohiya karein.

Iss kay ilawa, bishopoun aur padriyoun mein mutanaaza'a raha hai ke unkay paas church mein taqreebaat ka ta'aruf karwanay, khannay peenay, muqadas dinoun aur uhday aur martabay dainay waghira ka haq hai. Jo bishopoun kay iss haq ka da'awa kartay hain, Yohunnah 16:12-13 ki gawahi ko rujoo'h karein. "Mujhay tum se aur bhi bohat see batein kehna hai magar ab tum unn ki bardasht nahi kar saktay. Lekin jab woh yani Rooh-e-Haq aye ga tou tum ko sachiyaee ki rah dikhai ga." Iss kay ilawa Poloos ki ye misaal bhi rujoo'h karein, Amaal 15:20 jis mein uss ne galla ghontay huay janwaroun se parhaiz karnay ka hukum diya hai. Woh paak sabath ka ishaara kartay hain jo ab "Khudawand ka din" mein tabdeel ho gaya hai, burkhalaaf Decalog kay, jaisa nazar aata hai. Sabbat kay din kay tabdeeli kay ilawa unkay paas aur koi misaal nahi hai jiska woh hawala dai sakein. Bohat khoob, wo kehtay hain, ye church ki taqat hai! Uss ne das hukmoun mein se ek ko kalisaya kay qanoon se subukdosh kar diya hai. Iss liye iss sawaal kay jawaab mein humaray log sikhatay hain, ke injeel kay khilaaf bishopoun kay paas koi taqat nahi hai ke woh kuch tabdeel karein. Khudda ka qanoon bhi yehi sikhata hai (Distinction 9). Iss se bhi ziyada, ye kalaam kay khilaaf hai ke gunnahoun ki taskeen kay liye koi rasam qaim ki jai ya raastbaazi kamai ja sakay. Iss tarah se hum maseeh kay jalal ko roktay hain aur amaal say raastbaazi hassil karnay ki koshish kartay hain. Waziah taur pr, beher haal, is raiay ki wajah se lamahdud rasmein church mein bedaar ho chuki hain, aur es kay saath, eemaan aur eemaan ki rastbaazi ki taleem ko dabaya ja raha hai. Issi waja sy unhoon ne bohat say muqadas din aur tehwaar, rozay aur nai rawayaat qaim ki hain, jo buzurgoun (auliya) ki taazeem karnay kay liye ibadat muqarar ki gai hain, kyonkay inn batoun kay baani ye soch rakhtay thay ke amaal se fazal kamaya ja sakta hai aur rozay rakhna khudda ko motmiyen karnay kay liye acha kaam hai; gunnah sirif wohi mu'af kar sakta hai jis ne gunnah qaraar diya halankay shariyat kahin bhi gonnah ko makhsoos nahi karti sewaiy kalisiyai saza kay.

Church ko kahan se ye haq mila ke woh aisee rasmoun se logoun kay zameeroun ko giriftaar karein, jab Patras 15:10 mein shagardoun ki gardun par aisa jooa raknay se manah karta hai aur Poloos 2 Corrinthiyoun 13:10 mein kehta hai ke wo uss ikhtiyar kay muwafiq sakhti karay jo khudawand ne ussay bananay kay liye diya hai na ke bigarnay kay liye kyun na karay? Magar Yahan par aisee kaii gawahiyan milti hain jis se pata chalta hai ke woh inn rasmoun se baaz rehna chahitay thay, kyunkay inn se aisa lagta hai ke wo goya najaat hassil karnay kay liye zaroori houn aur fazal unn kay zariyay kamaya ja sakta hai. Poloos kulsiyon 2:16,20-23 mein kehta hai, "Pas khanay peenay ya eid ya nai chand ya sabbat ki babbat koi tum par ilzaam na lagai…jab tum maseeh kay saath duniyawi ibtadaii batoun ki taraf se mar gaye tou phir unn ki manand jo duniya mein zindagi guzartay hain insaani ehkaam aur taleem kay mu'afiq aisay qaidoun kay kyun paband hottay ho-ke issay na choona-ussay na chakhna-ussay haath na lagana-inn batoun mein apni ejaad ki hui ibadat aur khaaksari aur jismani riyazat kay etbaar se hikmat ki surat tou hai magar jismani khuwahishoun kay roknay mein inn se kuch faida nahi hota. "Iskay ilawa Titus 1:14 mein khul kar inn reetoun ki muzahammat karta hai. "Aur woh yahoodiyon ki kahaniyan aur unn aadmiyon kay hukmoun þar tawaja na karein jo haq se gumrah hottay hain." Aur maseeh, Matti 15:14,13 mein unkay liye kehta hai jo rasmein chahatein hain, "Unhein chor do, woh andhay raah batanay wallay hain aur agar andhay ko andha raah batai ga tou dono garhay mein girrein gay." Woh aisi ibadat ko rud karta hai. "Jo poda meray aasmani baap nay nahi lagaya jarr se ukhaaraa jai ga."

Agar bishopoun ko ye haq hai ke wo church ko beshumaar rasmoun kay bojh talay dubain aur zameeroun ko phansain tou kalaam kyun baarha inn ko sunnay aur mananay se manah karta hai? Woh un ko 1 Thimitheus 4:1 mein "Shiyateen ka nazriya" kyun kehta hai? Kya Rooh-ul-Quds nay baisood inn batoun ki pehlay se aagaahi nahi di?

Iss liye aisay qanoon injeel kay khilaaf hain, woh inn ko qaim kartay hain jaisay ye bohat zaroori houn ya ye khayyaal paish kartay hain kay woh fazal day saktay hain, aur iss say ye nateeja nikalta hai kay bishop sahibaan ko inhein qaim karnay ki ijazat nahi hai na hi aisi khidmat ki. Balkay ye zaroori hai ke maseehi nazariya ki aazaadi ko churchoun mein mehfooz rakhein, khaas kar ye ke bandhan kay qanoon ko wahjib karna zaroori nahi. Galatiyon 5:1 "Pas qaim raho aur dobara ghulaami kay joo'ay mein na juto."

Iss liye ye zaroori hai ke, injeel kay aham mazmoon ko barqarar rakhein, jaisay, hum fazal muft paatay hain, maseeh par eemaan rakhnay se na ke rasmoun ki baja aawari ya khidmat kay amaal se jo insaanoun kay tajweez karda hain.

Tou phir, kya hum ko khuddawand kay din kay baaray mein sochana chahiye jaisay hum dastooroun kay baray mein sochatay hain? Iss sawal kay jawab mein hum ye kehtay hain ke bishopoun aur padriyoun ko aisay qanoon bananay chahiye, jo woh church ko tarteeb mein laanay kay liye houn na ke fazal ko kama sakein aur gunnahoun se tasalee payain ya wo zameeroun ko zaroori khidmat kay liye jakkar lein aur ye sochein ke jaisay ye qanoon torna gunnah ho. Iss liye Poloos ne 1 Corrinthiyoun 11:5 mein qaim kiya, "Aurat bay sar dhakay du'aa na karain," mutarjum ko sunna jai taakay church mein abteri na ho aur aisay kai aur.

Church kay liy munasib hai ke aissay qanoon muqarar karray jo muhabat aur asoodgi ki khatir houn taakay koi shakhs doosray ko dilgeer na karay, aur tamaam cheezain church mein tarteeb se houn aur beghair kisi uljhan kay. 1 Corrinthiyou 14:40 mo'azana Philipiyon 2:14 se karein. Lekin ye sab iss tarah karo ke kisi kay zameer par koi bojh na ho, na ye ke ye najaat kay liye zaroori hain, ya doosroun ko gunegar samjhein agar woh ye qanoon torain. Iss liye agar koi ye kahay ke agar koi aurat sar dhapay beghair aam logoun mein jaati hai to woh kisi ko naraaz kar rahi hai.

Khudawand ka din, Easter, Eid-e paintakust, aur doosray muqadas din aur rasoom ki addaigi issi zumray mein aatay hain. Unko ye ghalat fehmi hai ke church ne ye zaroori samjha hai kay khudawand kay din ko sabbat kay din ki jaggah par manain. Kalaam ne sabbat kay din ko iss liye mansookh kiya kyunkay injeel mein ye zahir kiya gaya hai ke Moosa kay tamaam dastoor tarak kiye ja saktay hain. Aur choonkay ye zaroori tha ke ek din aisa muqarar ho, jisko khudawand kay liy makhsoos kiya jai taakay sab log ek muqarar din laazmi ukja ho sakein. Aur ye din iss liye aur bhi ziyada chunna gaya taakay logoun kay paas ek misaal ho ke maseehi aazadi hai ke sabbat ka din zaroori nahi hai.

Kuch aur nihayat sakht dalail paish kiye gai hain, jo ke qanoon ko tabdeel kar kay nai rasmein banai gain, kyunkay sabbat ka din tabdeel hua. Aissay kai jhootay khayalaat paida kiye gai ke lavee wali rasoom ki abhi bhi churchoun mein zaroorat hai. Aur maseeh ne shahgardon aur bishopous kay zimmay, nai rasoomaat jo najat kay liye laazimi hain ijaad karnay ki ijazat di hai. Ahista ahista church mein iss qisim ki khamiyan dakhil ho gain, aur ye sab iss liye kyunkay wahan eemaan se raastbaazi ki poori taleem nahi di gai. Kuch log bahas kartay hain ke khudawand ka din ilahi haq nahi hai. Woh tajweez kartay hain ke muqadas dinnoun mein kitna kaam karna chahiye. Ab ye bahas kiya hai, sewai zameeroun ko phasnay kay liye? Go ke woh rasmoun ko wahjib karnay ki koshish kartay hain magar jab tak woh usko lazim qarar na dein, warna woh insaaf nahi kar rahay hain. Aur ye rai qaim rahay gi jab tak eemaan se raastbaazi aur maseehi azaadi na ho gi.

Shagardoun ne hukum diya Amaal 15:20 mein: "Lahoo se parhaiz karein," Ab issay kon manta hai? Aur phir bhi woh gunnah nahi kartay, agar tou woh ye kar rahay hain. Kyunkay shagard bhi apnay aap ko apnay bhaari zameer mein bandhana nahi chahitay thay; Aur iss ko, iss liye kuch arsay tak iss liye manah kiya taakay woh aqeeday ki rah mein hael na ho. Injeel ka sab se thoss maqsad yehi hukum hai.

Bohat mushkil se koi shariyat ko baazabitaa taur par rakha gaya hai, ziyada tar tuo har roz woh matrook hoti hain, woh bhi jin ko bohat khayaal se rasmoun mein sambhala gaya hai. Aur ye mumkin nahi ke logoun kay zameeroun ko mutmaeen kiya ja sakay jab tak insaaf na ho kay sharah ko laiy beghair ke woh kitni zaroori hai aur zameer ko woh koi chot na pohunchai gi, chahay woh rasmein khattam ho jain.

Bishop sahibaan, beher haal shaid logoun ki qanooni nafarmaani ko barqarar rakhein gay, agar woh rasmein adda karnay ka israar na karein jo achay zameer wallay poori nahi kar saktay. Ab ye tajarud ka hukum daitay hain, aur ye tasleem kartay hain ke jo ye waida kartay hain kay woh injeel kay paak nazariye ki taleem nahi dein gay. Church bishopoun se apnay martabay kay ewaz insaaf bahal karnay ka mutaliba nahi kart; jo tahum, iskay bawajood munasib hai achay padriyoun kay liye. Ye inn se sirf iss baat ka mutalba kartay hain ke woh beija bojh ko jo naye hain, catholic church kay dastoor kay barkhilaaf hassil kiye gai thay. Shuru mein aisa ho sakta hai ke kuch qanoon, kisi kushnuma waja se, qaim kiye gai houn magar baad kay waqt mein woh iss laiq na houn. Ye bhi iyaan hua hai ke woh ghalat taur par qabool kar liye gai thay. Iss liye ye pope ki narmi par munhasir hai ke woh inn ko kum karay, kyunkay aisee tabdeeli jis ne church ki yagangat ko mutasir kiya bohat see aisi rasmein waqt kay saath tabdeel ho gain hain. Jaisa kay shariyat mein nazar aata hai. Magar ye namumkun hai ke inn ko kum kar ke koi apnay aap ko gunnah se bacha sakta hai. Hum sab paband hain shagardi kay asool ke, Amaal 5:29 jo hukum karta hai ke khudda ki farmabardari karo na ke insaan ki. Patras ne 1 Patras 5:3 mein bishopoun ko hakim bannay se aur churchoun par hakoomat karnay se mannah kiya hai. Humari ye aarzoo nahi hai ke bishop kay nizaam ki kainch taan karein, sirif ek cheez, ke woh injeel ki khalis taleem dainay ki ijazat dein, aur kuch paabandiyon ko narram karein jo gunnah kiye beghair nahi ho saktein. Lekin agar woh ye riyayat nahi dein gay tou woh apni iss sarkashi ki wajah se khudda ko jawabde hongay, jo ek firkay ka sabab banta hai.

Tasfeeaah

Ye woh kuch ahem mazameen thay jo bahas ka sabab bannay. Tahum iskay ilawa bhi aur bohat se riwaaj kay baray mein bhi baat kar saktay thay, magar usko ghair zaroori lamba kiye beghair sirif ahem nukte kay saamnay rakhna chahitay thay. Inn hee say baki tamaam maslay bari aasaani se tai kiye ja saktay hain. Padriyoun kay haqooq, ziyaratoun aur baradari se kharij karnay kay baray mein bohat see shikayaat saamnay aii hain. Padriyoun kay haqooq kay tarikoun kay barray mein kalisiyain kaafi pareshaan rehti hai. Padriyoon aur rahiboun kay darmiyaan na khattam honnay wali takraar hoti rahi hain jo kalisiyaii haqooq, iqraar, tadfeen, ghair mamooli khutbay aur beshumaar aisee aur batoun kay barray mein. Hum ne unn batoun ko pas-e-pauisht rakha aur ahem nuqtoun kay barray mein mukhtasaran samnay laye taakay ye achi tarah se samjhay ja sakein. Hum ne yahan aisa kuch nahi kaha ya hujat ki ke kisi ko aaray hathoun lain. Sirf woh batein dobarra kahi gaeen jo humari daanst mein zaroori thein, taakay ye achi tarah samajh sakein kay nazariye aur rasoom se hum kalaam ya Catholic church kay khilaaf kuch hassil nahi kartay. Ye zahir kar saktay hain ke agar hum behad zimadaari se musta'id reh kar ye daikhain ke koi bhi nai aur khudda kay khilaaf nazariya humaray churchoun mein dakhil na honay paiy.

Humari tamana hai ke hum ye mazameen aisay paish karein jo aapki shahi farmaan say mutabqat rakhti ho, takkay hum apna iqraar paish kar sakein aur log humaray asataza kay nazariye ka khulasa dekh sakein. Agar koi ye samajhta hai ke iss iqraar naamay mein kuch kami hai, tou hum tayyaar hain, khudda ki marzi ho tou hum aur ziyada maloomaat kalaam kay mutabiq paish kar saktay hain.

Aapki shahi azmat kay wafadaar riyaya:

John, Saxony ka muntakhib Duke
George, Brandenberg ka Margrave
Ernest, Lueneberg ka Duke
Philip, Hesse ka Landgrave

John Fredrick, Saxony ka Duke
Francis, Lueneberg ka Duke
Wolfgang, Anhalt ka Prince
Senate aur Nuremberg ki Magistracy
Reutlingen ka Senate

www.ingramcontent.com/pod-product-compliance
Lightning Source LLC
Chambersburg PA
CBHW051334120626
46547CB00016B/2530